撰 稿 人 简 介

蔡恒进 卓尔智联研究院执行院长，武汉大学计算机学院管理科学与工程以及软件工程教授、博导，宇链科技联合创始人兼首席科学家，中国计算机学会(CCF)区块链专委会通讯委员，中国通信工业协会区块链专业委员会(CCIAPCB)副主任委员。

江身军 卓尔控股有限公司研究室总监。毕业于武汉大学，参与编写《B2B4.0：新技术革命引爆产业互联网》《新民营经济研究》等多部著作。

蔡天琪 武汉大学软件工程学士，中南财经政法大学经济学学士，武汉大学金融信息工程硕士，美国UWL软件工程硕士，武汉大学管理科学与工程博士。现任卓尔智联研究院助理院长兼高级研究员，二十余项区块链技术共同发明人。

耿嘉伟 华中师范大学历史学学士，武汉大学软件工程学士，香港科技大学资讯科技硕士，先后就职于IBM中国开发实验室和上海同余信息科技有限公司。

程希冀 杭州宇链科技有限公司联合创始人暨首席产品官。毕业于武汉大学，具有近20年的技术和产品经验。曾任多家公司首席技术官(CTO)。二十余项区块链技术的发明人，宇链"云＋链＋区块链芯片"三位一体解决方案的主要设计者。

区块链

链接智能未来

蔡恒进◎主编

BLOCKCHAIN

Embracing the Future of Intelligence

人民出版社

前　言

2018 年 10 月 31 日，中共中央政治局第九次集体学习的主题是人工智能发展现状和趋势。习近平总书记强调，要深刻认识加快发展新一代人工智能的重大意义，加强领导，做好规划，明确任务，夯实基础，促进其同经济社会发展深度融合，推动我国新一代人工智能健康发展。随后，国内的人工智能产业走上了发展的快车道。

2019 年 10 月 24 日，中共中央政治局就区块链技术发展现状和趋势进行了第十八次集体学习。习近平总书记强调：要构建区块链产业生态，加快区块链和人工智能、大数据、物联网等前沿信息技术的深度融合，推动集成创新和融合应用。可以预见，正如人工智能一样，区块链的发展也将在中国引领新一轮的热潮。

区块链技术的重要性在于能够赋予网络空间以内禀时间。在原来的网络空间中，并没有一个可以作为可信标准的时间标尺。数据或文件可以无穷拷贝，副本能够具有完全一样的时间戳信息，且复制成本几近为零，数据和时间戳的篡改成本极低。区块链技术通过共识机制、治理机制和加密技术，使得链上数据被不可篡改地存证，且按照时间先后定序，不可能出现两个完全一样的数据，网络空间将会因为系统自有的时间逻辑主链而被赋予内在时间。

区块链中另一个重要的概念是通证。通证最早对应的意思是陶筹（由黏土做成的形状各异的物体）。陶筹可追溯到公元前 8000 年的新石器时代，原本是用于计数，后来实物逐步被图画代替，最终发展为文字。今天，通证的基本含义是"符号，象征"。这些凭证可以代表各种权利和利益,包括购物积分、优惠券、身份证、文凭、房地产、通行证、活动门票和各种权利和利益证明。

回顾历史,权益证明是人类社会各文明的重要组成部分。账目、所有权、资格、证明等都是权益的代表。正如尤瓦尔·赫拉利在《人类简史》中所说,"正是这些'虚构的事实'才是智者脱颖而出和建设人类文明的核心原因。"如果这些权益证明都是以数字、电子和密码学保护来验证其真实性和完整性的,那么人类文明将会有革命性的革新。

区块链提供了对数据及通证的坚实的信任基础和可追溯性,这是任何传统中心化基础设施所做不到的。这样的能力使得人工智能与区块链技术天然可以相互赋能,最终整合成具有智能和意识的区块链系统,并颠覆现有的认知理念。正如习近平总书记对区块链技术的分析中所特别提到的要加快区块链和人工智能等深度融合,人工智能和区块链的结合是必然的趋势。一方面,区块链的链上数据需要人工智能技术来优化和理解,进行整体解释和把握;另一方面,随着人工智能技术的快速发展,社会的复杂度大大提高,区块链技术可以用来对 AI 的制造和成长进行监督,强化机器的"自我"意识,使得机器节点在做重大决策时必须匹配人类的反应时间,让人类与机器在同一时间尺度上达成共识、进化博弈。在这个系统里,将汇聚起各种不同的小范围的高度分工,每一条不同的链都有不同的功能。只有在这样的系统上,才能够超越商业社会的需要,找到真正属于人和机器共同进化的土壤。

本书以通俗易懂的语言,深入浅出地梳理了区块链技术的起源及其可以应用落地的场景,涵盖了民生、产业、智能制造、监管与教育等多个领域,并在理解人机智能的基础上,进一步探讨了区块链与人工智能如何融合发展的问题,勾勒出了未来世界货币应该具备的特征及区块链技术对世界货币的影响。

目　　录

中央高层指出,区块链技术的集成应用在新的技术变革和产业变革中起着重要作用。近几年来,区块链成为我们熟悉却仍然陌生的一个名词。那么什么是区块链? 比特币和区块链有何关联? 区块链的发展方向是什么,它是否会影响和改变我们的日常生活?

比特币价格的涨跌沉浮,是区块链最引人入胜的传说,也唤起了人们对通证的强烈关注。然而在区块链的世界中,通证是否就等同于数字货币,它能带来财富的重新排列组合吗? 它能否用来奇妙地建立一个前所未有的共识?

第三讲　诚信生财　利泽大众 43
——区块链如何应用于民生领域？

从智慧城市到公用管理，从医疗卫生到食品溯源……以区块链技术为底层的全新社会治理构架，将会打破数据隔阂，使便捷、安全、高效真正渗透到老百姓生活的每个角落。

第四讲　跨越边界　生态重塑 57
——区块链如何应用于产业领域？

区块链技术与金融、物流、供应链管理等领域的结合，打开了一扇扇传统产业升级的大门，"链改"成为企业积极对接新技术的一个高频热门词。超级账本、智能合约、互信机制等，极大地提升了效率，降低了成本，前所未有地改变了交易方式和产业组织。

第五讲　精细智造　链改赋能 79
——区块链如何改变智能制造？

区块链如何赋能实体经济？如何介入生产制造的全节点、全流程、全链条，支持制造企业实现数字化、网络化、智能化升级？区块链技术势必在建设网络强国、发展数字经济中发挥重大作用。

第六讲　分布自治　拥抱监管 103

——区块链能否实现治理与监管？

区块链安全吗？它有什么样的防御机制？在看起来设计完美的数字世界中，它会是一个独立王国吗？政府如何实现对区块链的有效监管，防止失序，让它更好地为社会生活和产业发展服务？

第七讲　自我延伸　参天化育 119

——区块链和"我"的智能有关系吗？

区块链似乎是个高深莫测的专业词汇，但其实与"我"密切相关，人类意识片断就像是意识世界的通证，人类之间能够通过交换意识片断达成理解，就好像 token 得以在区块链世界达成共识并传播。那么，区块链能否进一步延伸和发展人类的智能呢？

第八讲　逆水行舟　施教因材 143

——区块链能否颠覆教育？

教育是我们应当保持关注的重要问题，我们曾寄希望于电影、广播、互联网技术的普及能够颠覆传统模式、升级教学体制，但至今依然是实施以课堂为主的教育模式，区块链技术能否真的颠覆教育呢？

——区块链如何与人工智能深度融合？

区块链技术与人工智能技术都是近年来的热门科技，两者看似各有适用范围，有必要彼此融合吗？如果需要融合发展，又应当如何融合？人工智能技术的发展已经受到很多质疑，区块链技术能够有效解决这些问题吗？

——区块链如何影响未来的世界货币？

Libra 白皮书引起了全球各界对未来世界货币的重新思考。未来的世界货币应该具备哪些特征？区块链技术是否会影响世界货币体系？它会是实现未来世界货币的必需吗？

—— 第一讲 ——

组合创新　风起青萍

——什么是区块链？

中央高层指出，区块链技术的集成应用在新的技术变革和产业变革中起着重要作用。近几年来，区块链成为我们熟悉却仍然陌生的一个名词。那么什么是区块链？比特币和区块链有何关联？区块链的发展方向是什么，它是否会影响和改变我们的日常生活？

一、区块链的起源

也许与很多人的想法不同，对区块链技术的理念探索早在比特币之类的货币之前就已经开始。行业内，W. Scott Stornetta 与 Stuart Haber 一起被尊为区块链的共同发明者，是公认的"区块链之父"。Stornetta 此前就是密码学和分布式计算领域的知名人物。1990 年，他在与 Haber 共同撰写的论文中首次提到区块链架构技术。该论文描述了一种数字体系结构系统，该系统可以利用"数字时间戳"进行商业交易。

在 Stornetta 与 Haber 最开始思考区块链技术的时候，并没有"区块链"这个词，这是后来人们创造的一个词语。1989 年，计算机技术正在迅速地发展，所有的文件都在慢慢革新成电子版本。那时 Stornetta 与 Haber 就在想，人们怎么确定手中的电子版本的文件就是原版呢？如何得知是否有人曾改动过电子版本的文件呢？当时只有一部分文件是电子版本的，大部分的文件，包括转账记录、交易记录仍然是以文字形式记录的，即使这些都是书面形式的文件，它们也有自己的备份，能够确保书面记录的准确性。

众所周知的是，如果可以改变这些文件，就可以改变记录。当时大家都把精力放在如何确保书面文档的准确性上，几乎没有人在意电子文档记录的准确性。然而很快大家就发现，我们将会生活在一个充斥着电子文档的世界，书面形式的文档最终将会被科技淘汰。如果我们不去解决电子文档准确性的问题，我们就没有办法区别真实的记录和被篡改的记录。

Stornetta 与 Haber 一起研究了这个问题好几个月，最终找到了最根本的解决办法——既然我们始终要去信任某个人或者机构来确保电子文档的准确性，为何不干脆更进一步，去信任每一个人。也就是说，让世界上的每一个人都成为电子文档记录的见证者。他们颠覆了"由谁认证"这个问题，从而找到了解决办法。他们设想构建一个网络，能够让所有的电子记录在被创造的时候就传输到每一个用户那里，这样就没有人可以篡改这个记录。这就是区块链概念最初的起源。

比特币的诞生

讲到区块链的历史，必然绕不开的是比特币。虽然今天的区块链总是被加上各种技术标签，但它之所以能够得到广泛关注，一开始就是因为比特币（Bitcon）掀起的经济革新（也包括投资泡沫）的热潮。"新科技""超安全""不可复制"，再加上一点无政府主义思想的"去中心化"，比特币简直是好莱坞大片里才会出现的完美道具。

区块链的核心理念出现的 18 年后，由于中本聪（Satoshi Nakamoto）采用该理念开发出当今大行其道的比特币，区块链才得以作为一个系统而公开存在。在其白皮书 *Bitcoin: A Peer-to-Peer Electronic Cash System*（《比特币：一种点对点的电子现金系统》）中，中本聪提到了用随机散列（hashing）对全部交易加上时间戳（timestamps），将它们合并入一个不断延伸的基于随机散列的工作量证明（proof of work, PoW）的链条作为交易记录，并通过最长链条（longest chain）以及工作量证明机制保证在大多数诚实节点（honest nodes）控制下的可信机制。中本聪将这种包含所有基本交易信息的一个单位称为一个区块（block），将无数个区块组成的链条称为区块链。这是区块链思想的一次成熟应用，也成为日后研究区块链的人无法绕过的一个定义。

在大众关于比特币的故事中，被津津乐道的是 2010 年 5 月 21 日，佛罗里达的程序员 Laszlo Hanyecz 用 10000 个比特币购买了价值 25 美元的比萨。但很少有人知道，其实在之前的 2010 年 2 月 6 日，就已经诞生了第一个官方的比特币交易所——Bitcoin Market（比特币市场）。在一开始的时候，比特币的汇率基本是按照 Mto Gox（昵称门头沟）上面的比特币与美元汇率来进行的，结果到 2012 年就升到了最高 1：33 的兑美元汇率。2012 年 10 月，BitPay 发布报告说，全球超过 1000 家商户通过他们的支付系统来接收比特币的付款。自此以后，比特币开始逐渐走进大众视线。

比特币的获取与使用

钱不会无缘由地产生，在现实世界中，我们可以通过抵押或买卖等方式获得现金。在区块链中，比特币即钱，原始比特币通过"挖矿"而来。只要能连上网络，有适当的中央处理器 CPU、图形处理器 GPU、特殊应用集成电路 ASIC 等计算机设备（即"矿机"），任何人都可"挖矿"。比特币挖矿采用的共识机制是基于一种密码哈希函数（SHA-256）的 PoW，要求用户进行一些复杂运算，答案能被服务方快速验算，运算耗用的时间、设备与能源形成担保成本，以确保服务与资源被真正的需求所使用。为了获得系统每 10min 奖励的比特币，让账本区块难以被恶意修改但易于验证，过程犹如开采矿石一样困难，因此被称为"挖矿"。

比特币可以看作基于 UTXO 算法的数字现金。用随机哈希对全部交易加上时间戳，将它们合并入一个不断延伸的基于随机散列的 PoW 的链条作为交易记录，并通过最长链条（longest chain）以及工作量证明机制保证在大多数诚实节点（honest nodes）控制下的可信机制。中本聪创造了比特币，比特币包含的技术就是区块链。比特币的本质就是一堆复杂算法所生成的特解。特解是指方程组所能得到的无限组

(比特币是有限的) 解中的一组。每一组特解都能解开方程并且是唯一的。挖矿的过程就是通过庞大的计算量不断地去寻求这个方程组的特解,若这个方程组被设计成了只有 2100 万组特解,比特币的上限就是 2100 万枚。

区块链在比特币网络中可以看作一个分布式账本,每一个区块就是账本的一页。这个账本有着以下特点:

①账本上只记录每一笔交易,即记载付款人、收款人、交易额。交易记录具有时序,无论什么时候,每个人的资产都可以推算出来。

②账本完全公开,任何人只要需要,都可以获得当前完整的交易记录。

③账本上的交易身份不是真实身份,而是采用一串字符代替,每个人都拥有唯一的一串字符,签名使用非对称加密技术。

比特币交易流程如下:

第一步:所有者 A 利用他的私钥对前一次交易 (比特币来源) 和下一位所有者 B 签署一个数字签名,并将这个签名附加在这枚货币的末尾,制作成交易单。其中,B 以公钥作为接收方地址。

第二步:A 将交易单广播至全网,比特币就发送给了 B,每个节点都将收到的交易信息纳入一个区块中。对 B 而言,该枚比特币会即时显示在比特币钱包中,但直到区块确认成功后才可用。目前一笔比特币从支付到最终确认成功,得等 6 个区块确认之后才能真正确认到账。

第三步:每个节点通过解一道数学难题,从而获得创建新区块的权力,并争取得到比特币的奖励 (新比特币会在此过程中产生)。节点反复尝试寻找一个数值,使得将该数值、区块链中最后一个区块的哈希值以及交易单三部分送入 SHA-256 算法后能计算出哈希值 X (256bit) 并满足一定条件 (比如前 20bit 均为 0),即找到数学难题的解。由此可见,答案并不唯一。

第四步:当一个节点找到解时,它就向全网广播该区块记录的所有盖时间戳交易,并由全网其他节点核对。时间戳用来证实特定区块于某特定时间是的确存在的。比特币网络采取从 5 个以上节点获取时间，然后取中间值的方式作为时间戳。

第五步：全网其他节点核对该区块记账的正确性，没有错误后他们将在该合法区块之后竞争下一个区块，这样就形成了一个合法记账的区块链。每个区块的创建时间大约在 10min。随着全网算力的不断变化，每个区块的产生时间会随算力增强而缩短、随算力减弱而延长。其原理是根据最近产生的区块的时间差，自动调整每个区块的生成难度（比如减少或增加目标值中 0 的个数），使得每个区块的生成时间是 10min。

比特币与区块链的关系

公认最早关于区块链的描述出现在 2008 年中本聪撰写的白皮书《比特币：一种点对点的电子现金系统》，2014 年后，人们开始关注比特币背后的区块链技术，随后引发了分布式账本的革新浪潮。比特币白皮书是区块链的始祖，被视作区块链世界的"圣经"。区块链是比特币实现的技术，比特币是区块链的第一个应用。

在中本聪的引用文献中，和区块链产业相关的论文有两篇，一篇是戴伟的《一种能够借助电子假名在群体内部相互支付并迫使个体遵守规则且不需要外界协助的电子现金机制》，还有一篇是亚当·柏克的《哈希现金——拒绝服务式攻击的克制方法》。其实，在 1998 年戴伟就已经提出了 B-money。这是一个设想中的匿名分布式电子加密货币系统，它具备了很多后来比特币拥有的特质。显而易见，区块链技术从一开始，就和去中心化货币交易、电子商业行为等产生了天然的联系。

比特币是比数字时间戳更为分布式的应用，并且应用领域被局限在金钱交易方面。比特币了不起的地方，在于创造了一个新的货币体系，但这也是它的局限性所在，它只能是区块链诸多应用方向中的一个分支的根本原因。

而区块链虽然发源于虚拟货币，但货币并不是其唯一的应用。区块链技术作为一门新兴的技术，存在着极大的发展潜力和应用价值。

数字货币

提到数字货币，最先想到的就是比特币。比特币被认为是区块链1.0 数字货币时代的标志产物，与传统货币一样，它能够承担支付和交易的功能，但同时它的手续费更低、速度更快，且具有去中心化的特点。其创始人中本聪曾表示，他是想用比特币来和国家货币对抗的。比特币的记账方式是基于交易的模型，采用 UTXO（未花费交易输出）记账方式。

区块链的优势很快被人们进一步发掘，区块链 2.0 时代随之到来，以太坊成为这一时代的标志。以太坊是基于账户（account-based）的记账方式，能够承载数字资产，支持智能合约。以太坊之后不同机制、不同特征数字货币项目接踵而至。

2019 年 6 月 18 日，Facebook 发布 Libra 白皮书。作为全球首家大型网络巨头发起的加密币，Libra 加速了数字货币在全球范围内的推广。Libra 拥有足够多的潜在用户，它将可以把更多的用户带进数字货币及区块链的世界。另外，Libra 拥有价值锚定，也为数字货币世界的发展及其他通证的定价创造了更加便利的条件。

二、区块链赋予网络空间以内禀时间

在网络空间中，文件的存证与定序不是简单的任务，区块链技术能够赋予网络空间以内禀的时间，保证数据的先后顺序一旦记录就不可更改。要理解区块链技术，我们常常从分布式技术开始讲起。

分布式账本技术

如果要用一句话定义区块链，我们可以尝试这样的狭义描述：区块链是一种按照时间顺序将数据区块以顺序相连的方式组合成的链式数据结构，并以密码学方式保证的不可篡改和不可伪造的分布式账本（distributed ledger）。或者我们可以更简单地说，区块链是一种特殊的分布式账本或者是一种特殊的分布式数据库（distributed database）。

分布式账本可以理解为一个可以在多个站点、不同地理位置或者多个机构组成的网络里进行分享的数据库。在一个网络里的参与者可以获得唯一真实账本的副本。账本里的任何变化都会在所有的副本中反映出来，响应时间一般在几秒到几分钟之内。在这个账本里存储的数据可以是金融，也可以是法律定义上的、实体的或是数字的资产。通过公私钥以及签名的使用去控制账本的访问权，从而实现密码学基础上对这个账本里存储的资产的安全性和准确性的维护。根据网络中达成共识的规则，账本中的记录可以由一个、多个或者是所有参与者共同进行更新。

当然，之所以将区块链技术（blockchain technology，BT）称为一种特殊的分布式账本技术（distributed ledger technology，DLT），是因为区块链技术与分布式账本技术并不完全等同。分布式账本技术关注的技术主要有三个方面：①数据权限——这种权限不仅说明了数据出处，还规定了数据所有权以及数据最终权威版本的位置；②数据精确性——精确性是数据的关键特性，意味着任意对象的数据值记录都是正确的，可以代表正确的价值，形式和内容都与描述对象一致；③数据访问控制——区块链解决方案可以分别跟踪公共和私人信息，包括数据本身的详细信息、数据对应的交易以及拥有数据更新权限的人。

IDC Government Insight 的报告 *The Blockchain Audit Trail: Helping to Establish Government Data Authority and Information Accuracy* 显示，

区块链可能成为验证数据出处和精确性的核心工具，可以追踪数据升级，为不同数据领域建立真正的权威数据。区块链更关心安全性、去中心化的共识机制问题。

总的来说，分布式账本的概念更广，分布式账本可能是基于区块链技术的，也可能不是。而区块链必然是分布式账本，但它未必支持数据权限与数据访问控制，比如比特币区块链就是开放数据权限与数据访问的公有区块链。分布式账本技术可能会牺牲去中心化而实现政府监管部门所关心的数据权限与数据访问控制。区块链是一种典型的分布式总账，区块链是多边自治的，靠密码学原理和集群优势保证不可更改地记录价值的产生和转移行为。

值得注意的是，我们虽然常常使用分布式账本来解释区块链，但"记账"只是区块链技术的应用之一，区块链当然可以服务于"币币交易"，但也可以应用于其他任意形式的资产或有价值的数据，我们所说的记账也是泛指记录区块链上的所有操作。

区块、哈希与梅克尔树

区块链，就是有效区块的列表。一个区块链系统中的第一个区块被称为创世区块（genesis block），用于初始化加密货币系统。区块链中每个区块指向前序区块直到创世区块。

根据区块的定义，区块所记录的，不单单是这个区块产生时的所有信息。只要区块的交易一直存在和发生，区块的信息就会不断发生变化。这其实就会引出区块中一个十分重要的概念——共识机制（consensus）。因为区块的特性，区块能够一直保存整个链条上所有交易的信息，也就保证了整个信息可信和长久保存。这种可保存、可追溯的证据，我们称之为存证（proof of existence，存在的证据），而任何一种形式的资产都可以通过通证（token）的形式上链并流通。存证与通证（或数字凭证）颠覆了人类的共识机制，也恰恰是区块链能够成功避免信任危机，在货币世界实际应用，最终对现实世界产生震撼的根本原因。

　　按照字面的意思我们还可以将区块链理解为多个区块之间链接而成的系统。区块链以区块为单位组织数据。全网所有的交易记录都以交易单的形式存储在全网唯一的区块链中。区块是一种记录交易的数据结构，如图1-1所示。每个区块由区块头和区块主体组成，区块主体只负责记录前一段时间内的所有交易信息，区块链的大部分功能都由区块头实现。每一个区块包含的信息有以下几点：

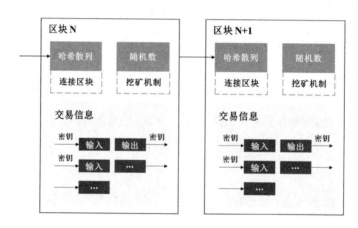

图 1-1　区块示意图

①版本号，标示软件及协议的相关版本信息。

②父区块哈希（hash）值，引用的区块链中父区块头的哈希值，通过这个值每个区块才首尾相连组成了区块链，并且这个值对区块链的安全性起到了至关重要的作用。

③梅克尔树根（Merkle tree root）的哈希值，这个值是由区块主体中所有交易的哈希值再逐级两两哈希计算出来的一个数值，主要用于检验一笔交易是否在这个区块中存在。

④时间戳，记录该区块产生的时间，精确到秒。

⑤难度值，该区块相关数学题的难度目标。

⑥随机数（nonce），记录解密该区块相关数学题的答案的值。

依然参考分布式账本，我们可以将一个区块看作账本中的一页记账数据，如果记录的是金融或币币交易，那么这个区块中一般会包括交易金额、交易时间、交易的买方和卖方等交易相关信息。只有创世区块拥有唯一的 ID 识别号，此后的每一个区块都会包含两个 ID，即前序区块的 ID 和当前自己的 ID，这样就通过 ID 将不同的区块关联起来，构成了区块链。

区块链的分类

当前区块链技术还在不断发展，各种规模、各种应用场景的区块链系统百花齐放。根据不同区块链的开放程度和参与者的范围来区分，区块链已经逐渐形成了公有链、私有链和联盟链三大种。

公有链，即公共区块链（public blockchains），是指全世界任何人都可以随时进入系统中读取数据、发送可确认交易、竞争记账的区块链。公有链通常被认为是完全去中心化的，因为没有任何人或机构可以控制或者篡改其中数据的读写。公有链一般会通过代币机制鼓励参与者竞争记账，来确保数据的安全性。在公有链中，无官方组织及管理机构，无中心服务器，参与的节点按照系统规则自由接入网络，不受控制，节点间基于共识机制开展工作。

公有链有以下三大主要特点：

①保护用户免受开发者的影响。在公有链中程序开发者无权干涉用户，所以区块链可以保护使用他们开发的程序的用户。

②访问门槛低。任何拥有足够技术能力的人都可以访问，也就是说，只要有一台能够联网的计算机就能够满足访问的条件。

③所有数据默认公开。在公有链中，参与者隐藏自己的真实身份的现象十分普遍。他们通过公有链的公共性来保证自己的安全性，在这里每个参与者可以看到所有的账户余额和其所有的交易活动。

中本聪试图通过去中心化来达到不受任何人控制的目的，兼有

"抗腐败"的功能。因为，借用 Invictus Innovations 的话说："中心化导致腐败，彻底的中心化导致彻底的腐败。"

比特币、以太坊、NEO、量子链等都是典型的公有链。拿以太坊为例，以太坊是一个全新开放的区块链平台，它允许任何人在平台中建立和使用通过区块链技术运行的去中心化应用。就像比特币一样，以太坊不受任何人控制，也不归任何人所有，是可编程的区块链。但以太坊并不是给用户一系列预先设定好的操作，而是允许用户按照自己的意愿创建复杂的操作。这样一来，它就可以作为多种类型去中心化区块链应用的平台，包括加密货币，但并不仅限于此。

以太坊与开放平台相似，由在系统上运行的项目或产品决定其主要价值与用途。不过很明显，某些应用类型能从以太坊的功能中获益。以太坊尤其适合那些在点与点之间自动进行直接交互或者跨网络促进小组协调活动的应用。除金融类应用外，很多对信任、安全和持久性要求较高的应用场景，比如资产注册、投票、管理和物联网，都可以通过智能合约等方式使用以太坊提供的平台服务。

私有链，即私有区块链（private blockchains），是指其写入权限是由某个组织和机构控制的区块链。参与节点的资格会被严格限制，由于参与的节点是有限和可控的，因此私有链往往可以有极快的交易速度、更好的隐私保护、更低的交易成本，不容易被恶意攻击，并且能够做到身份认证等金融行业必需的要求。

相比中心化数据库，私有链能够防止机构内单节点故意隐瞒或篡改数据。即使发生错误，也能够很快就发现来源，因此许多大型金融企业更倾向于使用私有链技术。私有链一般建立在某个企业内部，系统的运作规则根据企业要求进行设定，读取甚至是修改权限仅限于少数节点，同时仍保留着区块链的真实性和部分去中心化的特性。

私有链的特点如下：

①交易速度非常快。一个私有链的交易速度可以比任何其他的区

块链都快，甚至接近一个区块链的非常规数据库的速度。这是因为就算少量的节点也都具有很高的信任度，并不需要每个节点都来验证一个交易。

②给隐私更好的保障。私有链使得在某个区块链上的数据隐私像在另一个数据库中似的，不会公开地被拥有网络连接的人获得。

③交易成本大幅降低甚至为零。私有链上可以进行完全没有交易费或者交易费用非常少的交易。如果一个实体机构控制和处理所有的交易，那么他们就不再需要为处理交易而收取费用。即使交易的处理是由多个实体机构完成的，费用仍然是非常少的，这种交易并不需要节点之间的完全协议，所以很少的节点需要为任何一个交易而工作。

④有助于保护其基本的产品不被破坏。正是这一点使得银行等金融机构能在目前的环境中欣然接受私有链，银行和政府在看管自己的产品上拥有既得利益，用于跨国贸易的国家法定货币仍然是有价值的，由于公有链的直接应用是保护像比特币这样新型的非国家性质的货币，对核心利润流或组织构成了破坏性的威胁，这些实体机构应该会不惜一切代价去避免损害。

Lisk 首席执行官 Max Kordek 曾说："我没有看到太多的私有链应用案例，但是确实有其一席之地。传统机构无法突然之间转变成一个完全的公有链。私有链是实现未来加密世界的重要步骤。相比于中心化数据库，私有链的最大好处就是加密审计和公开的身份信息。没人可以篡改数据，就算发生错误也能追踪错误来源。相比于公有链，私有链更加快速、成本更低，同时尊重了公司的隐私。结论就是，企业可以依靠私有链，总比完全没有加密系统好。私有链有其好处，同时可以将区块链术语推广到企业世界中，向未来实现真正的公有链又靠近了一步。"

联盟链，即联盟区块链（consortium blockchains），是指由若干机构联合发起，介于公有链和私有链之间，兼具部分去中心化的特点，共识过程受到预选节点控制的区块链。例如，一个由 15 个金融机构组成的共同体，每个机构都运行着一个节点，而且为了使每个区块生效，需要获得其中 10 个机构的确认。区块链或者允许每个人都可读取，或者只允许参与者读取，或者走混合型路线，例如区块的根哈希及其 API（应用程序接口）对外公开，API 可允许外界用来做有限次数的查询和获取区块链状态的信息。这些区块链可视为"部分去中心化"。联盟链的代表有 R3、RIPPLE、Hyperledger 等。

事实上，从各大国际金融巨头陆续加入 R3CEV 区块链计划这一行为来看，金融集团之间更倾向于联盟链。R3CEV 是一家总部位于纽约的区块链创业公司，由其发起的 R3 区块链联盟，至今已吸引了 50 家巨头银行参与，其中包括富国银行、美国银行、纽约梅隆银行、花旗银行等，中国平安银行于 2016 年 5 月加入 R3 区块链联盟。2016 年 4 月，R3 联盟推出了 Corda 项目，Corda 是一个区块链平台，一个专门为银行准备的分布式金融解决方案，可以用来管理和同步各个组织机构之间的协议。

跨链技术

跨链技术的出现就是为了解决区块链中的基础需求：不同链之间的资产兑换和资产转移。所谓资产兑换，比如 A 想用 X 链的币（token）兑换 Y 链的币（token），B 想用 Y 链的币兑换 X 链的币，经系统撮合，两者互相兑换成功。资产转移则是，A 想把 X 链的资产（通证 /token）转移到其他区块链上，就在 X 链上锁定，在新的链上重新铸造等量等值的币。

目前主流的跨链技术包括：公证人机制（notary schemes）、哈希锁定（hash locking）、侧链 / 中继（sidechains/relays）和分布式私钥控制（distributed private key control）。

记账方式

纸币是一种不记名票据 (bearer token)，繁复的防伪印刷技术能够确保纸币的合法性，安全交易仅需验证纸币，无须关心持有者的身份，也不用查阅纸币的流通史，对纸币消费的记账属于可有可无的行为。传统的电子货币则是通过引入第三方交易中介、垄断记账权，来保证交易的安全性。

任何一种记账方式都必须包含三项信息：交易金额，货币的来源，货币的去向。经典的复式记账法 (卢卡·帕西奥利，1494)，其核心思想可归结为钱不会无中生有，也不会凭空消失，有借必有贷，借贷必相等。

区块链系统中的记账方式是系统的设计核心之一，不一样的区块链具体实现方式有所不同。如何制定出安全可靠、可追溯、执行速度快且能满足绝大部分应用场景需求的记账方式，是所有区块链都面临的重要问题。

在区块链技术中，主流的记账方式包括未花费交易输出 (unspent transaction output, UTXO) 和基于账户设计的记账方式两类。UTXO 是由中本聪首创并在比特币区块链中加以应用的记账方式。基于账户设计的记账方式则与传统的银行系统记账接近，例如以太坊是"账户—余额"的设计，而 Hyperledger 采用的是"账户—资产"的设计。

激励机制

在现实社会治理体系中，产权制度和按劳分配方式等，宗旨皆在于激励人们去提高生产力、创造财富；公司各式各样的薪酬制度、期权激励、职级晋升等同样是为了激励员工努力创造价值。

有效的激励在公有链中不可或缺，是维持公有链正常运作的保证，是促进系统进步的真正动力。因为公有链的特性是彻底地去中心化，并没有节点或组织对整个系统监督或负责，记账是需要耗费算力的，那么必须有一种机制，让系统中的大多数节点维持生态，诚实记录，由激励机制为记账者提供奖励。

对于联盟链和私有链，激励机制可能不是必选项，因为系统实行准入制，并且有一个或多个中心节点对整个系统负责，记账也由中心节点执行。但如果应用于公有链，就必须加入激励机制，否则没有人会愿意白白浪费资源记账，链也将无法延续。

(1) 比特币的激励机制

比特币的"挖矿"实际上就是一种激励机制，目的是鼓励并奖励记账者快速、诚实地记账，是典型的通过经济激励机制实现自我驱动的系统。其可靠性依靠了整个系统中所有节点的共同算力，由此，比特币系统不需要任何中心机构维持其信用而只需要技术手段就可以创建共识。

我们可以将比特币的激励机制总结为挖矿节点收取的手续费。通过打包交易所产生的激励为一个区块中包含的所有交易费用。具体来说，比特币交易的手续费不取决于交易金额，而是按照用户交易的每千字节收取 0.0001 个 BTC（比特币）的价格。除此之外，为了防止通货膨胀，比特币的发行量每 4 年减半，总量为 2100 万枚。当达到数额时（预计为 2140 年），矿工便不能够通过获得系统的记账奖励来获得比特币，而是只能通过系统中的手续费来生存。

除了发币激励之外，系统还存在交易规则。首先矿工会优先处理高优先级的交易。区块中前 50KB 是保留给高优先级交易的。一般通过币的新旧程度、交易字节数、交易币数量总和评判优先级的高低（有点类似操作系统中进程的管理算法）。具体计算公式为：

priority=sum(input_value_in_units*input_age)/size_in_bytes

如果计算得到的 priority 值大于 0.576 则为高优先级。简单来说，随着新区块的产生，留在内存池中未被打包的交易年龄越来也大，最终优先级会提高，之后会按照矿工费用排序交易，由高到低排序。

（2）以太坊激励机制

以太坊也有一套自己的激励机制，用以鼓励矿工花费计算资源进行挖矿，而这一机制就是以太币。

以太坊最小货币单位是 wei，以太币与其兑换率为 1Ether=1018wei。每个区块被挖出，那么相应矿工会获得一定的奖励，而奖励由两个部分组成：①矿工在获得记账权后可以获得 5 个以太币的奖励；②动态奖励，首先记账的区块中所有的交易费用归矿工所有，除此之外，矿工还可以从每个叔区块中获得额外的 1/32 以太币的奖励。

（3）鼓励诚信行为——回溯历史的奖励机制

我们设计的智能区块链共识机制中包含一种基于回溯区块链历史的奖惩用户行为的共识方法。该方法的步骤包括：提取区块链中的历史数据；根据数据进行数据挖掘；根据计算结果形成奖励或惩罚的提案；投票；根据投票结果实施奖惩并记录。

区块链数据具有不可篡改的特性，这种共识方法基于树状区块链的特征，通过对提案投票，对有贡献的用户进行奖励，对于恶意行为给予惩罚，真正实现对用户赋权。其中，任何有算力的节点（个人或组织）都可以形成提案，符合区块链去中心化的既定特性，即能够增加系统的灵活性。提案不断演化、适应系统变化，又能够规范未来行为，引导积极向上的价值取向，但奖惩的行为对象没有具体约束，奖惩的时间、力度事先均不可预知，因此可以规避道德风险，同时鼓励用户对自己的行为负责，为系统的健康运行做贡献，从而维护区块链系统的生态平衡和可持续发展。

提取区块链中的历史数据包括但不限于历史交易数据、历史评价数据和历史奖惩数据。根据数据进行数据挖掘包括但不限于机器学习、深度学习和卷积神经网络。根据计算结果形成奖励或惩罚的提案，任何有算力的节点都可以形成提案，提案内容包括但不限于奖惩对象、奖惩依据的时间范围和奖惩的具体额度。一般地，由涉及奖惩对象的当前子节点以及在奖惩依据时间内的历史子节点，对奖惩提案进行投票。根据投票结果实施奖惩并记录包括但不限于奖惩实施的对象、额度和时间。基于回溯区块链历史的奖惩用户行为方法的流程图如图 1-2 所示。

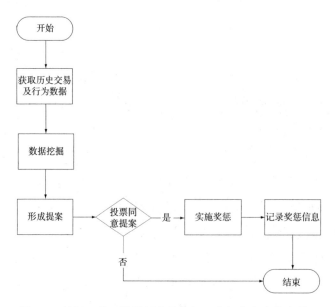

图 1-2　基于回溯区块链历史的奖惩用户行为方法的流程图

　　基于回溯区块链历史的奖惩用户行为的激励机制，针对区块链可持续性问题，能够有效改善系统的财富分布，让财富尽可能长久地流转，让系统保持活力。区块链的优点之一就是所有数据不可篡改，因而历史信息安全可信。我们提出的基于回溯历史的奖惩共识机制也就是基于区块链的历史数据进行数据挖掘，形成相应的奖惩提案，用户投票通过后实施奖惩。该机制的特点包括：①不定期对过去某一个时间段的行为进行评估和奖惩，用户事先并不知道会获得奖励；②通过对奖惩提案的投票反映节点的行为表现。

　　智能区块链的实施鼓励每一个用户为系统的健康发展做出努力，系统引导的价值取向是积极向上的，但奖惩的行为对象并无具体约定，优秀的行为能够得到奖励,恶意行为将受到惩罚,但奖惩的时间和力度是事先不可预知的,这样就能避免固定规则下的道德风险,杜绝刷单、投机的行为。同时,这种基于区块链不可篡改历史数据的奖惩措施,能够最大限度地公平公正,任何有算力的节点(个人或组织)都可以形成提案,符合区块链去中心化的既定特性,能够增加系统的灵活性,提案不断演化,适应系统变化,又能够规范未来行为,实现区块链系统的可持续发展。

共识机制

共识机制可谓是区块链的灵魂。共识机制,就是在一个时间段内对事物的前后顺序达成共识的一种算法,简单理解就是,共识机制规定了由谁记账、按照什么顺序记账。目前常用的几种共识机制有:工作量证明机制,即工作量越多收益越大;权益证明机制(proof of stake,PoS),类似股权凭证和投票系统,由持有最多 token 的人来公示最终信息;拜占庭共识算法(practical Byzantine fault tolerance, PBFT),以计算为基础,也没有代币奖励,由链上所有人参与投票,少于 (N–1) /3 个节点反对时就获得公示信息的权力。

现有各种共识机制的问题包括:①算力浪费,在 PoW 中,超强的计算能级仅用来猜数字,非常浪费;②权益向顶层集中,在 PoS 中,token 余额越多的人获得公示信息的概率越高,公示人会得到一定的 token 作为奖励,如此持有 token 多的人其 token 会越来越多,持有少的人其 token 越来越少;③作恶成本低下,在靠算力与权益的多少来获得公示信息的权利的模式当中,当算力和权益向少数人集中之后,这些少数人如果想要做一些违反规则的事情是轻而易举的,在 PBFT 中,由所有人投票,如果一个没有任何 token 余额的人想要捣乱,那他几乎完全没有利益损失;④对于真正的去中心化构成威胁,在 PoW 中,算力越强,获得记录权力的概率就越高,如果将多台电脑的算力加在一起来用，那抱团的人就会更容易获得公示信息的权力，发展到最后可能公示权就直接掌握在这些人手里，在 PoS 中持有 token 少的人几乎都没有话语权，权力掌握在少数人手中，这有违区块链去中心化的理念；⑤固定规则下的道德风险问题，现有共识机制里的奖励方法是事先规定好的，这样就会造成有人抱有投机心理，故意刷单，只关注涉及奖励的部分，而非真正为系统做出贡献。

共识是社会交换乃至产生商业行为的基础，AI 的快速发展要求人类迅速达成共识，区块链技术为我们提供了全新的达成共识的机会。数字凭证是能够在小范围内快速达成局部共识的有效媒介。基于数字凭证的区块链技术，人类对未来的预期能够快速反应。数字凭证交易能反映资源的变化，但价格也会剧烈波动，从而可能会产生区块链泡沫。但金融泡沫并不是滞后的现象，相反是新内容产生的前奏。在泡沫中，用户能够迅速学会利用区块链技术达成共识，从而真正迎来数字凭证经济的蓬勃发展。

三、区块链的发展方向

区块链核心技术突破的方向

讲到区块链技术的核心，很多人会首先想到去中心化。因为比特币社区的吹捧，去中心化已经深入人心。但经历了无数案例后我们能够发现，去中心化并不能如推崇者们所鼓吹的那样成为灵丹妙药，相反却因为种种实践困难而无法落地，沦为空谈。追溯区块的本质，我们会发现，区块链技术的核心，其实是存证和通证以及在此基础上形成的共识机制，也就是在一段时间内对事物前后顺序达成共识的算法。将顺序的重要性放在第一位，正是区块链技术能够解决信任问题、能够具有强大生命力的原因。而区块链未来的应用，也必然是首先寻找那些对共识有要求，对事物前后的排序有更精确、更迅速要求的场景。

比如说，目前中国的物流行业规模已经是世界第一。国内的物流，国际的港口吞吐都进入了从发展走向成熟的时期。效率是物流行业的生命，但效率的提升一直面临一个很大的制约，就是整个物流货物体系的信任问题。我们往往有这样的体会，明明货物已经到港，却需要在海关耗费很长的时间等待抽检等各种流程的完成。这其实就是整个货物体系的共识机制还没有完全打通的缘故。我们可以设想这样的场景，货物的抽检等行为，并不是在海关完成，而是在运输之前，就已经在出发地完成。所有的数据，通过区块链技术形成共识链，直接成为无法被修改的数据，伴随着整个货物的物流过程。而检疫、有效期等问题，又可以通过以往的经验和大数据的分析得到解决。由此，无论是货物安全还是货物质量的检验等流程，其实都可以在很短的时间内完成，大大缩短在路上无谓的时间消耗。这将会给我们的物流行业带来多么颠覆性的变化。

再举例来说，目前整个社会都在形成对于个人档案的信用认证，国家也正在逐步完善我们的信用体系。但是，目前的信用体系有一个很大的问题，就是只能扎根在个人的已经被认证的金融产品之上，比如信用卡等，应用场景十分有限。而如果采用区块链的技术，使得每一个人的可认证行为都能够上链，任何企业、单位甚至是社区，都可以对个人的特定行为进行链上的认证和开发，从而在该单位内部形成正向的激励，并能够对个人未来的评估形成更坚实的基础。这又是一个对整个社会的评价、评估体系产生颠覆性影响的事情。

面向未来，区块链作为一个能够解决人类共识问题的产品，一定能在更多的更基础的场景中，发挥更大的作用。

我国区块链产业及人才团队现状

习近平总书记指出，要推动区块链和实体经济深度融合，解决中小企业贷款融资难、银行风控难、部门监管难等问题。

要利用区块链技术探索数字经济模式创新，为打造便捷高效、公平竞争、稳定透明的营商环境提供动力，为推进供给侧结构性改革、实现各行业供需有效对接提供服务，为加快新旧动能接续转换、推动经济高质量发展提供支撑。

要探索"区块链+"在民生领域的运用，积极推动区块链技术在教育、就业、养老、精准脱贫、医疗健康、商品防伪、食品安全、公益、社会救助等领域的应用，为人民群众提供更加智能、更加便捷、更加优质的公共服务。

要推动区块链底层技术服务和新型智慧城市建设相结合，探索在信息基础设施、智慧交通、能源电力等领域的推广应用，提升城市管理的智能化、精准化水平。

要利用区块链技术促进城市间在信息、资金、人才、征信等方面更大规模的互联互通，保障生产要素在区域内有序高效流动。

要探索利用区块链数据共享模式，实现政务数据跨部门、跨区域共同维护和利用，促进业务协同办理，深化"最多跑一次"改革，为人民群众带来更好的政务服务体验。

习近平总书记的讲话已经基本为区块链产业的发展、区块链+各个行业细分的发展奠定了发展方向的基调。区块链作为最新的科学技术就是服务于人民生活水平的提升、服务于政府事业单位的服务能力提升、服务于城市的综合治理水平的提升、服务于行业的产业链上下游协同发展促进生产力提升、服务于信息服务和商品交易流通环节的各个链路，促进整个社会和国家文明上新一个台阶。

目前行业上出现得比较多的互联网应用多为平台型应用。而未来的平台型应用在新的 IT 基础技术（区块链技术）出现的情况下，将更加广泛的形成产业上下游之间的高效广泛协作。避免平台垄断、金融垄断、科技垄断的情况影响国民经济的健康长远发展。

总体而言，区块链技术一方面运用于科技金融领域服务于融资创新和价值链的创新；另一方面服务于信息技术本身的交叉融合，使之与 AI 人工智能、大数据、云计算、物联网、5G 应用等各种各样的新技术、新应用广泛交叉融合，在行业上渗透第一产业 (农业和能源产业)、第二产业 (制造业)、第三产业 (服务业) 的各个领域，从而在数字经济的虚拟国土上起到沟通产业链所有上下游所有环节。区块链与人工智能、大数据、云计算、物联网、5G、虚拟现实 VR、芯片等将推动行业融合创新，最终出现产业链协同应用创新的大爆发。

习近平总书记还指出：要加强人才队伍建设，建立完善人才培养体系，打造多种形式的高层次人才培养平台，培育一批领军人物和高水平创新团队。

行业的发展离不开人才。正是由于区块链本身技术的创新性、行业交叉融合特性，要求我们所需要的区块链人才更具备综合业务素质能力。除了懂技术，还需要懂经济、懂商业、懂民生、懂产业，还需脚踏实地，深入业务与产业链的一线，思考技术与应用落地、与业务融合、与产业链融合创新的所有可能性。

目前底层链的研究，除了公链的国际性团队之外，还有各大 IT 公司的区块链部门，例如 IBM 超级账本、腾讯 FusionBank、阿里蚂蚁金服、百度超级链，还有微众银行 BCOS 等。一方面市场上的区块链专业人才稀缺，另一方面高校中区块链相关的课程体系还未跟上，区块链各方面的人才培养势在必行。我们既需要底层共识算法的高精尖人才，也需要应用层面跨学科、跨行业的融合创新领军人才。

——第二讲——

探询未来　润物希声
——什么是通证经济?

比特币价格的涨跌沉浮,是区块链最引人入胜的传说,也唤起了人们对通证的强烈关注。然而在区块链的世界中,通证是否就等同于数字货币,它能带来财富的重新排列组合吗?它能否用来奇妙地建立一个前所未有的共识?

互联网时代的"眼球经济"（Attention Economy）正在转向区块链+AI 时代的"通证经济"（Intention Economy 或 Token Economy）。

实际上早在文字出现之前，人类就已经开始使用 token，最初那种用陶瓷或者是用石头打磨的而成，这种 token 就叫作"陶筹"，每个 token 所代表的意义和价值不尽相同。

在区块链系统中，通证（或称 token、数字凭证）是一个重要概念，其含义也很丰富，可以理解为是一项资产、某一段时间或某一个地点内具有排他性共享经济或是一段特定人提供的时间服务的证明。Token 可以分为同质通证（Fungible Tokens, FT）和非同质通证（Non-Fungible Tokens, NFT）。FT 是指每一个通证具有相通属性，例如币币交易的 token（比特币、以太坊等），NFT 主要表现为门票、房产、道具、券、收益权等具有唯一编号的资产或权益，即每一个 NFT 都是独一无二的。

一、经济学中价值论的局限

经济学在两百多年的发展中不断受到现实的拷问。作为经济理论基石的价值论在特定的历史中形成，又在现实经济问题中不断转向。面对从封建社会到重商主义再到社会化大生产的财富涌现，以斯密为代表的古典经济学家开始将劳动作为价值的源泉。斯密认为劳动是衡量一切商品交换价值的真实尺度，劳动最终凝结成价值并由商品体现出来。在斯密看来，社会化大生产带来的繁荣，通过广义的劳动概念将新兴经济的合理性推向极致。只要服务于商品，就是在创造价值，只要每个人能在社会中找到分工的角色进行劳动，就能增进整个社会的福祉，"看不见的手"能够解决所有问题。商品的价值在从农业社会向工商业社会的经济上升进程中找到了劳动这个普遍而坚实的基础。

从 19 世纪后期开始，新古典经济学在争取其科学地位的进程中，完成了形式化和基于效用的革命。作为反叛和独立，经济学一方面极力从历史学和社会学中分离出来，另一方面通过边际概念体系以"革命"的姿态出现。消费、需求、效用新体系的最大贡献，是在资本主义生产关系进化的背景下，在生产力快速膨胀的时代，将物的效用放到需求和消费的环节进行评价，通过边际概念引入微积分，并将经济系统抽象为优化问题，最终完成了新古典所谓的科学变身。从此，财富的增长，不再停留在古典的广泛描述，而变为供给与需求的均衡，变为资源的优化配置。这一过程，是在西方经济始终无法逃脱的波动周期和近代以来自然科学及其指导下的科学技术高速发展的双重压力中逐步实现的。凯恩斯虽然饱受诟病，但他敏锐地洞见了市场的多重均衡和市场失灵现象，并给出了一种暂时脱离萧条的途径。然而从新古典均衡出发的洞见，仍然难以跳出主流经济学的框架，难以找出市场失灵的根本原因。无论是凯恩斯还是新奥地利学派，总是没有办法彻底根除市场周期律的毛病。

马克思最大的贡献，是从劳动价值论出发，深刻洞见了商品经济尤其是资本经济中的根本矛盾。新古典里完美的均衡、资源的优化配置、看不见的手，在马克思眼中都无法掩盖资本主义生产方式造成的生产过剩和分配不公。然而，在现代经济中，"剩余价值"的形式已经发生了深刻变化，初期以直接生产劳动为主要劳动的生产方式，已经被各种附加值累加之后的新"知识经济"取而代之。马克思理论在一百多年以后，面临新的解释困境。

从门格尔开始的边际革命看到了人的需求的可变性，却看不到人的需求来源于认知，更抓不住认知的核心——多参考系。奥地利学派看到了人的行为的复杂性，却只能提供一个理想化的世界。哈耶克看到了个人的作用，最终也背离了米塞斯的初衷，却将对理性的拷问带入"自发扩展秩序"的歧路。哈耶克认识到了个人理性的局限性，却只能无奈地承认并接受它。

认知的作用，在工业革命以来的经济学中被严重忽视，在资产价格巨幅涨落、生产与需求完全背离均衡、财富分配严重失衡的现代经济中被严重低估。商品是人类社会的特产，也是人类认知带来的特产。我们在这里要论证的，不是商品价值的来源和影响，而是在商品价值背后，人类认知的根本作用。始终抓住认知的特点，才能明白人类商业社会的根本规律。

价值是如何产生的？这是经济学最基本的问题。从古典经济学到新古典，直到最近的制度经济学，都没有给出一个让人满意的答案。如果我们从哲学的源头、从人最开始的认知去找，就会有新的发现。

婴儿一开始并不会评估价值，并不懂得如何衡量不同物品的重要性，所有的东西对他而言都是可拥有的、可用的，没有度量价值的需求。当别人问起"更喜欢爸爸还是妈妈"，小孩子可能才会开始有比较、排序。这种朴素的思考，其实才开始潜移默化地在认知中埋下比较的种子。

奥地利经济学派认为价值不能量化只能排序。我们认为人类个体其实很可能一开始连排序都不会，根源就是因为婴儿的信任感在起作用。婴儿往往会无视自己和外界的区别，甚至认为自己与环境是一体的，并不需要去排序或评估周围的一切。在这种心态下，并不存在价值排序的土壤。

没有量化，也没有排序，这就是价值度量的最初背景，我们只有理解了这个背景，才能明白在交易之中该如何评估价值。一开始，商品的价格可以说都是错配的，只是后来才需要定价。当我们在完全熟悉的环境中，环境可以看作是"自我"的延伸，我们对周遭的信任感很强烈，也没有失去任何东西的风险，自然不需要对这些物品定价。但如果一旦涉及取舍，我们就必须对可能失去的东西进行评估与定价。

　　比如家长要求孩子选择保留一个玩具，另一个必须拿走，孩子就需要评估这两个玩具对他的价值。也就是说，并不是只有要得到东西的时候才涉及价值，如果要将我们拥有的东西从"自我"中割裂开，也会需要价值判断。苏轼写道："惟江上之清风与山间之明月，耳得之而为声，目遇之而成色，是造物者之无尽藏也。而吾与子之所共适。"这种清风明月是不需要评估价值的，因为我们不必担心会失去。行为经济家学发现损失比收益带来更大的风险评估，在这个框架下就能够找到认知的根源。

　　我们认为，价值来源于共识，而共识的基础是自我认知。一个人衡量一个物品的价值是主观的，一个组织内部对一个物品公允的价值可以看作这个组织作为生命体自我意识和认知的延伸。这也意味着不同的自我意识主体有不同的参考标准，而这个标准甚至可能是完全主观的。商品经济，尤其是主流经济学中所忽视的，正是价值的主观性。

　　回到价值产生的最初阶段，所有的物都是可能有价值的，而人类社会已经定价的只是很少的一部分。对于人类而言，财富是生而得之的。在农业经济中，只有很少的要素被定价。所种即所得，一切收获都是可以预计的。而到了后来，商品经济、资本经济扩展了价值所囊括的范围。互联网和智能经济开始将更多以前没有意识到价值的东西进行定价。人类价值形态的变迁和膨胀，反映的是人类认知的进步。

　　马克思劳动价值论的可取之处，在于它刻画了一个认知周期内套利空间衰退的阶段：用于生产的资源价格和劳动力成本已经在社会中达成基本共识，认知套利空间有限。从这一点我们也能更好地理解剩余价值。资本家利润的最大来源，随着人类技术发展的进步，已经从压榨剩余价值走向认知套利——尽早进行预期，通过金融市场透支未来制造泡沫，在新创造、新发明被广泛认同、生产的过程之前获得巨额资本，在广泛生产中寻求垄断利润。而严重的产能过剩问题，正来自现代经济这个新的认知套利循环。

　　科斯的交易费用和张五常的租值耗散，描述的正是套利空间收缩的情况下，人类可以利用各种合理的契约方式尽可能延长价值的作用时间，拉长价格相对于认知的渐进时间。

20 世纪以来，随着技术的进步和劳动效率的提高，价格与认知曲线的渐进时间不断缩短，一个典型的例子就是摩尔定律。制造业的利润率下降是一个全球性的现象，本质上是劳动效率的提高使得一般制造业的套利空间急剧缩减。此外，由资本推动的知识经济、互联网经济使得价格与认知渐进曲线的周期大大缩短，产生出肥头断尾的渐进曲线新形态。风险投资及股权的持有者正在取代工业化大生产时代的制造型企业家，成为最快套利、攫取社会财富的群体。

价值的认同、资产泡沫的形成，都在于认知。弛豫时间足够长，套利就能够持续更长的时间，财富的涌现就能持续。从工业革命中诞生的内燃机技术、冷战中诞生的互联网技术，都能够为社会经济增长提供长达以百年计算的周期。作为泡沫大户的互联网，并不诞生于企业家的厂房，而是诞生于冷战压力下急需数据共享的美国国防科研项目。集成电路同样如此。"亚洲四小龙"的崛起，离开政府主导的产业政策便无从谈起。比尔·盖茨呼吁私有经济的富豪们投资绿色能源，也是以在 2050 年终止人类使用化石燃料为预计，并给出了解释："二战以来，美国政府主导的研发几乎定义了所有领域的最先进水平，而私营部门则普遍显得无能。"

弛豫时间本身也受到人的自我肯定需求作用。关于美学的发明创造可能留下上千年的价值，给人的心灵成长提供养料的榜样明星可以留下近一个世纪的文化产业，而以表浅娱乐和吸睛为目标形成的眼球经济只能形成数年的产业泡沫，且相当不稳定。

现代经济正在经历一个蜕变跃迁的过程。我们要重新定义价值，给出价值创造和财富涌现的新范式。互联网经济中，信息的高效传输一方面缓解了认知的不对称，使得处于弛豫时间中后期的生产者套利空间急速下降；另一方面，新的愿景如果不能在普罗大众中形成高涨的预期并最终实现，无效的经济泡沫的产生不可避免，产能的过剩和个人自我实现的困境就会在这些周期重叠中不断出现。

　　财富向底层注入，是现阶段缓解产能过剩、提高民众存在感的必要手段。人类未来的经济系统，将由生产型经济向体验式经济转化，这使得人类个体能够在更多的维度找到自我的价值。每一个维度上仍将出现弛豫时间，通过区块链等信息技术手段，愿景、知识、审美的创造者和购买者将同时获得价值的双向回馈。

　　随着 AI 和区块链技术的发展，新生事物越来越多，人类认知的不确定性越来越大，彼此认知的分歧也会越来越大，这就要求我们必须提升达成共识的效率，数字凭证就提供了一条可行的路径。与股票相比，数字凭证可以在更小范围内，让用户快速形成关于价值的共识，其波动周期理论上最短，人们可以通过数字凭证的流通，快速地、不断地加深对链上资产的认知。也因为不同人对未来预期的不同，投射到当下的价格波动可能更为剧烈。

　　数字货币价格的剧烈波动让人很自然地联想到金融泡沫。泡沫能够迅速膨胀，与资金 (很多时候是风险投资资金) 快速、大量地入场密切相关。风险投资者一年要看非常多的计划书，即便如此能找到的好项目也很少，其中能够真正成功的就更少，这样一来，效率就很有限。在 AI 技术快速发展的推动下，我们必须对未来的预期做出迅速反应，资金也必须快速到位。区块链技术能够颠覆这种低效的投资方式，直接使用 ICO 的投资方法，能够使得投资更看重团队或者说是人本身。在区块链中，不仅是投资机构，甚至个人也可以直接用通证来支持项目，比走募资流程简单且迅速得多，一旦成功，早期投资者的收益也会非常可观。

　　不同的数字凭证都有各自独特的意义、周期和波动规律。凭证持有者在不同时间点对其价值预期有差异，这种预期在区块链技术中能够快速响应，因此数字凭证的价格变动也显得更为剧烈。假如大家对数字货币的认知越来越深入，对链上资产的价值能够达成共识，那么数字凭证的价格也会趋于稳定。

　　就目前而言，我们还不能断言区块链已经形成了泡沫，但就算是泡沫,其时间尺度也会大幅缩短,也许用几年时间就走完互联网几十年的过程,未来的泡沫甚至有可能只需几个月的时间就会完成。虽然泡沫不是什么好事,但泡沫可以"教育"普罗大众,让普通人迅速了解一些未来将会普及的事物。比如,现在的供应商由于是垫钱发货,常常处于弱势地位。通过区块链技术,以后一定会有越来越多的数据上链,供应链的很多问题是可以得到妥善解决的。比如通过影像观测或货车的压力检测,就可以估算出车辆货物的载重量,由于这些数据一出来就可以直接上链,造假就会变得非常困难,最明智的选择就是保持真实。

二、认知差异与共识价值论

价值的产生,来源于自我意识作用下的认知。交换之所以能够成立,在于认知的差异。一项交易能够达成的最理想状态,是买方和卖方都主观认为自己获利。一个经济周期内,新发明、新技术从产生到普及,再到巨额产业利润的产生,其根本来源于此。

一个新生的国家、一个崛起的时代,本质上是在经济活动的各个方面形成了认知带来的红利。新制度经济学的核心是契约,契约之所以存在,之所以有效力,在现实中有特定的形成和补偿方式,本质上还是因为人与人之间存在的自我肯定需求带来的多样化趋利行为,这种多参考系认知又在一定程度上存在调和的空间。

行为经济学家研究的,就是在没有市场的情况下人们如何度量价值,甚至在极端情况下,为了某个交换对象,会不会选择以放弃自己的大拇指的方式来达成目的。历史上发生过的,荷兰人用价值20余美元的玻璃珠换得印第安人的曼哈顿岛使用权。这笔交易之所以能够达成,就是在于认知不对称。认知不对称和信息不对称是有很大差别的,认知不对称更多强调人的主观性,比信息不对称具有更普遍的解释力和发现力。

在交易达成之前,人会对交易品的价值形成一个预期。预期的变化是理解价格的关键因素。典型的例子是股票市场的交易。股票交易的频率和规模是普通商品交易所不能比拟的,是交换行为的实验室。股票价格的波动充分反映了人对特定标的物不同尺度未来的预期。套利最多的,正是那些具有准确预期、走在普罗大众价值认知之前的交易者。本质上,套利的存在就是因为人与人在认知上存在差异,因而形成不同的预期,为一小部分人提供了套利的空间。

在未来的世界中,共识产生价值,这在区块链世界中尤为成立。一切经济行为都和价格紧密相关,价格的背后实际上是对标的物的价值判断,这也是经济学领域中根本的分歧所在。

主观价值论认为,产品的价值波动,来自不同的消费主体对其需求偏好、急需程度、预期效应而产生的主观评判,这种评判并不被群体的观念所束缚,而是纯个体行为。在主观认为适合的情况下,可能付出比社会平均价值高很多的费用来获得这个产品。劳动价值论则主张商品具有二重性,即价值和使用价值,使用价值是商品的自然属性,具有不可比较性。价值是一般人类劳动的凝结,是商品的社会属性,它构成商品交换的基础。劳动价值论通过厘清商品的自然属性和社会属性的概念,揭示了商品的本质。但实际情况远比理论复杂。比如比尔·盖茨,他一人劳动量最多无法超过100个微软员工,但他的身家却是其员工的千百万倍。

有四种基于共识的价值或价格形成机制:

①主导(commanding)是一种认知超前的价格形成机制。发明家、新商品的创造者、初创企业高估值背后的股权投资者、艺术品价值的早期发现者,都能够主观强势地定义一个物的价值。主观价格的核心价值是将愿景进行推广。私人或者政府修建博物馆以低廉的价格推广也属于这一范畴。主导价格往往意味着风险和责任。一个主导的价格在形成套利空间的同时,意味着承担起教育(educate)更多人认同和承担创新跟进人群福利的双重责任。现代经济中越来越多的价格由垄断(monopoly)形成。早期的垄断在于对生产资源的占有,而技术经

济下的垄断通常依靠发明专利等技术壁垒和渠道资源。

②还价（bargaining）是定价权地位对等的两方进行的定价方式。正是因为定价权地位相对对等，所以双方都对这次定价行为的最终完成存在期望，却也因为认知到对方的期望而产生了获利更多的期望。整个还价的过程，其实就是双方不断地试探对方认知的过程。但这种过程，往往是直接而单层次的，涉及的商品很明显，想要达成的目标也很明显，简单而且快节奏，涉及的对象也较少。

③协商（negotiation）是一个多层次、普遍的价格形成机制。因为认知不对称的存在，协商才有可能。一个所谓错配的价格也是广泛存在的。一项交易能够达成，是因为双方对当下价格使用的价值参考系不同，这个参考系可能是对交易产生价值的范畴不同，比如主观认为在交易相关的其他方面能够弥补价格的损失，或者在协商中产生的对未来的价值获得的预期不同。

④竞价（auctioning）是随着认知在更大范围内达成共识，价值追随者涌入形成的价格机制。竞价的本质是认为当前价格不能反映真实价值，愿意用更高或更低的价格来进行购买。股票的交易本质上也是竞价的一种。

从定价参与者的数量来看，这四种方式的参与者数量依次上升，范围依次扩展，而价格决定力依次递减。与此对应的是，定价参与者所要承担的风险和社会责任是依次递减的。

价格的运动来自认知的演化，在认知的极端情况下，我们可以认为某物是无须定价的，因为没有被剥夺的可能。在认知的早期阶段，或者说一个主导价格的形成初期，套利空间很大，但时间相对有限。只有在所有的条件都透明、博弈也已经足够的情况下，价格的形成能够渐进持续，逐步逼近必要劳动时间。在实际情况中，因素往往很复杂，哪怕是生产要素与条件已经近乎透明的钢铁，价格也常常大幅波动。

在区块链世界中，图 2-1 中的横轴可以更具体为共识水平，即达成共识的程度，随着共识程度的加深，针对该通证的价值或价格的收敛趋势仍然成立。以比特币为例,即便比特币已经是全球规模最大的、当前市值最高的数字加密货币,其参与人数也不过千万级别,其价格的波动虽然比其他数字货币稳定得多,但依然波动幅度很大,我们认为比特币的走势还处在图中靠近左侧的区间,接下来还会继续波动迭代,随着更多的人参与,形成共识的范围越来越广泛,比特币的价格才会最终收敛到一个相对稳定的区间。

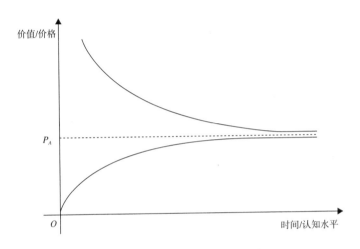

图 2–1　价格与共识的渐近关系

　　共识机制的目的是解决信任问题。如何维持群体间彼此的信任,是动物世界的一个难题。弱肉强食的丛林社会中,动物往往对于肉食的一方采取了"零信任"的态度,一旦出现在视线中,便拼尽全力跑开,来保证自己的安全。残酷的动物世界如此,人类社会也不能幸免。

　　进化到了人类社会,因为文字、语言等沟通技巧的存在,信息之间的交流极大丰富,从而使得信任难题更加错综复杂。历史故事中被人津津乐道的种种策略计谋,大多也都是利用各种信息的不对称,骗取敌人的信任来达到目的的。这是信任难题在战争条件下的体现。而在内政甚至日常生活中,有无数的误会、悲喜剧的发生,其实归根到底,也就是彼此之间的信任出现了偏差。

　　人类社会之所以成为一个整体,虽然有着强制力量的参与和维系,但信任也潜移默化地起着更根本的作用。军队和法律，当然是政治制度得以建立和执行的根本，不过在日常生活中，人们更多的是因为信任而选择了当前的生活。我们出行之所以用地图，是因为我们相信地图提供方的专业程度；我们的睡眠之所以安稳，是因为我们相信我们的安定生活得到了整个社会的保障。这种共同的信任建立的成果，我们就称之为共识。

共识是一个社会中多数人的共同意见的集中体现。这种意见往往体现了大家对于这件事情的看法。举个最典型的例子，大家都承认中央银行发行的货币是一般等价物，因此中央银行发行的货币才具有流通性和购买力。具体到一个人头上，大家都承认这笔钱是某个人的，那么这笔钱就是这个人的所有物，这也正是比特币的所谓"51%共识"的由来。

不过，共识机制虽然在理论上得到了解决，但在实践中逐渐遇到了难题。随着链的扩张，对算力的需求越来越高，51%的计算越来越难。同时，那些并没有产生太大影响力的链，因为本身的使用人数不多，却始终需要面对着"51%攻击"的风险。可以说，这种两难的局面，恰恰反映了单纯从共识入手，来组织区块链的不成熟性。

其实，我们从信任本身出发，可以发现另一条道路。信任本身是易缺失的，而机器的运算是精确的。与其去用所谓的"简单多数"来避免信任缺失，不如设法在它和机器的精确性之间找到一个平衡点。换言之，让精确的机器去负责区块链中运算、分配等烦琐却需要效率的工作，而把"人性"这样一个易变的要素，融合到区块链的设计之中。

三、区块链技术的核心价值

存证与通证

一方面，区块链技术的加密传输和数据不可篡改的特性有利于实现智能系统的安全性；另一方面，区块链技术中的通证适合作为交互的载体，便于实现高效性。按照共识相关者进行划分，在小范围内先达成共识、相互协作，再逐步形成更大范围的共识与协作，而不是强制要求一步达到全网共识的水平。

很多人过于宣扬区块链的去中心化，我们认为，区块链技术的核心价值在于存证和通证。

（1）存证（Proof of Existence）

存证也是要求历史记录任何人不可篡改。现在数据篡改和伪造现象已经越来越普遍，这并不是危言耸听，而是可能很多人还没有意识到这一问题的严重性。比如美图秀秀、FaceU 等拍照和图片美化工具，可以说是爱美人士的必备手机应用，但这种"美化"的实质就是对原始真实数据的篡改。当然也包括持续火爆的抖音，更是对声音数据、录像数据的多方面篡改。从技术角度来看，图片数据、声音数据、视频数据的篡改已然成熟，文本类型的数据篡改和伪造的难度就更低，我们时常看得到因在网络散布谣言而被惩处的新闻。到了会被官方惩罚的程度，一般是造谣者在社会上引起了一定规模的不良影响，但更为普遍的现状是，这种篡改或捏造在目前的互联网世界中随处可见，根本不可能杜绝。

比如，我们常常会看到长辈群或亲友群疯狂转发类似于"某某食物与某食物千万不可同时吃，极度致癌，99.99%的人都中招了""某某治疗效果好，一般人我不告诉他"等消息，这类消息让知道的人避之不及，但大多数不明就里的普通群众看到了，非常容易被利用和煽动；加上现在互联网的发达程度，篡改、伪造成本极低，散播极快，现在和未来如何保持数据的真实性才是重中之重。

区块链技术具备的存证特征在这种情况下可以发挥重要作用。理论上，采用区块链技术并不意味着可以完全消除欺诈或造假行为，但这并不妨碍我们通过公有链技术来引导用户行为规范。总之，公共链（如比特币）比联盟链和私有链更为可贵的重要原因是，公共链记录的篡改几乎是不可能的。

我们认为，DAG（有向无环图）真正的适用范围就在于构建一种可信的时间戳，能够在不可信环境中为信息的单向流动提供存证。我们可以设计一种可信时间戳机制，为了构建区块链生态的可信性，主链负责提供时间戳，每个子链处理并记载内部的具体信息，每隔一段时间或在特定事件触发的情况下，子链需要在主链上取得可信的、不可逆改的时间戳。任何一条链都可能是可信时间戳的主链，DAG 可以用来实现时间戳机制，但除了时间戳本身，更重要的还是要允许不同链之间的交互。子链由节点维护，维护的数据包括在该子链上的一切操作信息，子链的数据结构一般为梅克尔树，每一个节点的双亲节点为该节点的哈希值。主链由系统维护，负责提供并维护系统时间戳信息。也就是说，我们可以利用 DAG 结构保证主链的可信性，数据上链后，记录就不可更改。主链可以衍生出各种各样的子链。主链记录的可以只是一部分信息，但子链要保证相同的记录与主链完全一致。子链的可信性由自己负责维护。这种维护一般通过一段一段地被主链或者其他子链确认、验证来实现，这种维护一般是有偿的，主链确认的费用更高。根据子链的具体情况，子链的管理主体决定具体的维护方案和频率。

（2）通证（Token）

一般来说，把存证作为区块链的核心价值几乎没有争议，但是，对于是否真的需要"通证"就存在很大的分歧。许多人认为根本不应该或根本不需要使用通证。我们相信通证对于人类的未来具有不可替代的重要意义，是必要的区块链产物，也是区块链技术的另一个核心价值。区块链技术为主体提供了快速达成共识的有效路径，我们可以将通证看作是在小范围内或者说相关者的范围内，达成本地共识的有效载体或介质，区块链的通证允许我们只在小范围内，对通证的价值或价格达成共识，那么交易就可以成立。

市场可以借助通证在小范围内快速达成共识，这整个过程对全球应用是清晰可见的。由于人们在认知上的不同，共识尤其是大范围共识难以达成。但越是小范围且简单的共识越容易发展为大范围的共识。

比如比特币最早的时候是从一群极客开始的,从很小范围的共识发展到现在,变成全球性的很重要的共识。

国家货币一般可以看作很大范围的共识,比如美元成为硬通货就是一个全球共识。但也不是任意一个通证就能达成共识,比如委内瑞拉国家货币就不算一个大范围的共识,因为它每年贬值幅度特别大,算不上一个好的共识。股票也可被看作是一种共识的工具,从广义上看也是一种通证,承载的是关于公司价值的一个共识,但是股市的波动幅度一般比国家货币更大,周期更短。而且,也不是每个公司发通证就能达成共识的,比如中国的新三板,由于没有流动性,也不能算达成了共识。所以达成共识是很难的事,通证则是可以用于在更小范围内达成共识的工具。

随着 AI 和区块链技术的持续、快速发展,可以预见的是,将会有越来越多全新事物出现,挑战我们传统的认知。当人类认知面临的不确定性增大,不同认知主体之间的差异将进一步显现,这种情况更加要求我们提高共识的效率。通证就提供了可行的途径。与股票相比,通证可以在较小的范围内使用,使用户能够快速形成价值共识。通证波动周期理论上是最短的。人们可以通过通证的流通,快速持续地加深对链条资产的认可。

不同的通证有其独特的含义、周期和波动。通证持有人对他们在不同时间点的价值有不同的期望。这种期望可以在区块链技术中快速响应,因此通证的价格变化也更加显著。如果每个人对数字货币的看法越来越深刻,并且同意链上资产的价值,那么数字货币的价格也将稳定下来。

从眼球经济到通证经济

我们已经强调过,认知主体的所有思维产物都可以被理解为认知坎陷:它们都是对真实物理世界的扰乱,但也是人类自由意志的体现。

认知坎陷是指对于认知主体具有一致性，在认知主体之间可用来交流的一个结构体。

人的自我意识可以整合不同的意识段，也可以修复一些受损的部分。这种整合和自我修复的能力正是机器所缺乏的。一旦机器的一部分出现问题，很可能整个设备就会被破坏而停止运转。

比一般软件程序更智能的 AlphaGo，可以被视为人类技术和文明的一种很优秀的表现形式，它的诞生是所有直接和间接参与者意识的投射。事实上，AlphaGo 的主程序可以被视为弱自我意识，它可以支配并实现赢得围棋对弈的目标，但是这个主程序目前还无法检查子程序的功能，或重新设计和修复问题。这是机器和人类的根本区别。

当然，当前的机器已经在朝这个自我修复的方向上发展了。例如，机器（扫地机器人等）现在可以自行充电，或者有些机器如果部件损坏，它甚至可以自行检测并更换。但即使机器可以主动修复并且在未来具有强大的自我协调甚至统摄的能力，我们仍然认为人类是具有独特的价值的，原因就在于人类已经经历了数亿年的进化，不仅具有意识，而且具有对宇宙的意识。

人类开显了这些认知坎陷，也有义务将这些内容继续传承下去。人类因其负担的责任而提升了自身价值，并在一定程度上引领了宇宙演化的方向。世界的未来应该把整全意识和至善统摄放在一个重要的位置，而不是只让有应激反应机制的"有意识的机器"完全接管。

在过去，机器取代了我们的体力劳动，这可以被视为人类肢体的延伸。那时，我们还可以利用脑力做创造性的事情。但是现在计算机被描述为人类大脑的延伸，也就是说机器很有可能取代人类的脑力劳动。我们还有其他不可替代的价值吗？在 AI 时代，当人类能力被机器一个接一个地超越时，我们肯定会面临一个哲学的终极命题：人类存在的意义是什么？

触觉大脑假说指出，人之所以为万物之灵，并不是由上帝设计好的，而是通过进化而来。这个进化过程中，最重要的一个点很可能就是基因突变导致我们的皮肤变薄、毛发减少，因为拥有敏感的皮肤，我们在成长过程中更多地感受到外界刺激，正是皮肤这一物理边界促成了"自我"和"非我"的区分，包裹自我使得自我意识不断丰富并催生了各种意识片段。

但机器的意识不是通过成长习得，而是由人类赋予，因此机器可以看作是人类意识的投射或凝聚。即使机器在每一个方面都可能超过我们，但我们的整全意识，我们的宇宙意识，以及我们对未来的预期，都是机器很难取代的。这些正是我们人类不可取代的价值。

人类发现优秀的、美的这些东西也都属于认知坎陷，未来我们要对所有的认知坎陷进行定价，来促进它的产生。所以我们认为，从互联网到区块链的飞跃是从"眼球经济"到"通证经济"或"坎陷经济"。"眼球经济"也就是"注意力经济"，BAT（百度、阿里巴巴和腾讯）依靠的就是这种注意力，它们垄断了这种渠道，也就是说垄断了"眼球"。

未来的交易是要对所有的认知坎陷或者通证来定价，可以把它们其中包含的细节拆开，让交易者能给出一个相对合理的价格，形成某种共识，我们称之为"坎陷经济"或者"通证经济"。

通证（token）的基本定义是符号、象征，但它更应该被视为证书而不是数字货币。这些证书可以代表各种权力、利益，包括购物点、优惠券、身份证、文凭、房地产、通行钥匙、活动门票和各种权力和利益证明。回顾历史，权益证明是人类社会各文明的重要组成部分。账目、所有权、资格、证明等都是权益的代表。正如尤瓦尔·赫拉利在《人类简史》中所说，"正是这些'虚构的事实'才是智者脱颖而出和建设人类文明的核心原因。"如果这些权益证明都是数字、电子和密码学保护的，以验证其真实性和完整性，那么人类文明将会有革命性的革新。

在区块链上运行通证提供了坚实的信任基础和可追溯性，这是任何传统中心化基础设施都做不到的。因此，如果通证是通证经济的前端经济单元，那么区块链就是通证经济的后端技术，二者是整体联系共同依存的。在坎陷经济时代，将有更多的意识状态、更多的主观意识参与到定价过程之中，我们更强调主观意识；而这个"主观意识"一开始只是在小范围内被承认，形成共识，通过小范围内达成的共识，然后再通过上交易所等方式向外扩张，逐渐变成比较大众的共识。

通证作为共识的载体

我们将通证作为达成共识的载体，认知主体的交互过程可以对应到区块链系统中针对通证的价值达成共识的过程。区块链世界中的达成共识的载体——通证——完全可以归为一种认知坎陷，达成共识就是开显认知坎陷的过程。认知坎陷由个体开显出来，但必须与其他人形成共识、进行传播，才是具有生命力的认知坎陷。如果认知坎陷不再被传播、不再引起共识，其生命力就会减弱甚至消亡。从通证的角度来看，发行者发行通证就相当于个人开显认知坎陷，基于通证形成共识也是从小范围开始，然后逐渐壮大直至缩减消失，对应了认知坎陷的整个成长过程。至此，在本书中，可以将认知坎陷和通证相互替换，两者在我们的研究中具有相同的属性特征。

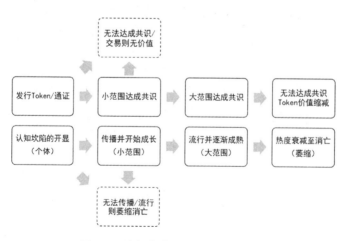

图 2-2　认知坎陷与通证的对应关系

——— 第三讲 ———

诚信生财　利泽大众

——区块链如何应用于民生领域?

　　从智慧城市到公用管理,从医疗卫生到食品溯源⋯⋯以区块链技术为底层的全新社会治理构架,将会打破数据隔阂,使便捷、安全、高效真正渗透到老百姓生活的每个角落。

2019 年 10 月 24 日，中共中央政治局就区块链技术发展现状和趋势，进行第十八次集体学习。习近平总书记在主持学习时强调，要把区块链作为核心技术自主创新的重要突破口，明确主攻方向，加大投入力度，着力攻克一批关键核心技术，加快推动区块链技术和产业创新发展。

区块链技术是全球新一轮技术变革的中坚力量之一，具备分布式、去信任、不可篡改、价值可传递和可编程等特性，其集成应用在新的技术革新和产业变革中起着重要作用。全球主要国家都在加快布局区块链技术发展，未来，区块链技术的研究和应用将极大关系到国家的核心竞争力。而此次来自高层的重视，意味着凭借中国现有的技术优势和市场优势，在强有力的全局统筹下，中国有可能在区块链技术和产业创新发展领域率先取得更大突破。

另外，中国政府计划创建 1000 个智慧城市，在这些城市，科技和数据收集将会改善每个居民的生活。2013 年 1 月，住房和城乡建设部正式公布了首批国家智慧城市试点名单，并将这些技术称为"应加强和鼓励的领域"。

2016 年 12 月印发的《"十三五"国家信息化规划》就数字化战略指出：物联网、云计算、大数据、人工智能、机器深度学习、区块链、生物基因工程等新技术驱动网络空间从人人互联向万物互联演进，数字化、网络化、智能化服务将无处不在。而区块链技术则将是打破原有技术架构禁锢，融入原有生态的国之利器。

一、区块链成为智慧城市建设引擎

伴随着我国新型城镇化的建设,以及对 GDP 增长是否应以牺牲环境为代价的深刻思考,催生了社会各界对电子城市、数字城市、智能城市以及智慧城市等的探索。虽然我国智慧城市建设浪潮异常迅猛,但是很多地方并没有完善的理论体系来支撑,因此会带来很多不可预见的城市建设风险。

信息安全与隐私泄露风险与日俱增。即使是对于信息安全和隐私保护问题重视程度很高的国家,在智慧城市的建设中也存在国家与个人信息泄露的风险。信息安全和隐私保护始终是智慧城市建设必须考虑的重要课题。

智慧城市建设中,不同部门、不同行业间的信息应是互通有无。但是,当前多数城市、多数部门、行业均各自为政,无法达到信息共享。致使"信息孤岛"的僵局难以打破。许多地方在做项目的时候,各个部门并不情愿把自己掌握的信息拿出来共享。相反,他们渴求他人与自己共享信息。如此种种,降低了城市的运行效率。

过去,"互联网 + 民生"为中国公民创造了很多福利,包括"尽量让群众少跑一公里""最多跑一次"等。不难想象"区块链 + 民生"蕴藏着多么广阔的应用前景。

智慧城市建设的典型结构包括感知层、网络层、计算存储设施层、公共数据库层、公共信息平台层、智慧应用层和用户层,以及制度安全保障体系和政策标准保障体系。

原有系统架构中各个部门各自为战,在运行效率方面值得提升。区块链技术可以基于原有系统打造共同的可信数据库,各个部门作为节点,数据互相同步,互相监督,可以极大改善运营效率。另外,政府与公共部门对于完整安全、真实可信的信息有着迫切的需求。

在智慧城市的建设中,宇链科技提出了自己的方案,通过"云 + 链 +

安全芯片"的方式，一方面可以快速融入原有系统，打破原有架构数据隔阂，再结合大数据、人工智能等方式快速对可信数据进行处理；另一方面，通过芯片来完成身份确认，无论是系统内还是系统外的数据都可以做到权责分明。

区块链从推进可靠公共交通系统到创建可持续能源市场，让智慧城市更加高效。我们很快可以看到无人驾驶公交在交通拥堵的时候将会接收到交通传感器的指示，然后自动切换路线避免在到达下一个充电站前在拥堵中浪费乘客的时间，还会根据实时的能耗获得高速运输管理的账单。

另外，区块链技术可以更好地保护数据隐私和安全，防止潜在攻击方面，如此便不会有内部的数据泄露、无须群众监督，减少潜在黑客的入侵点。

从时间维度来看，目前各地的"区块链＋智慧城市"多处于发展的早期。大家都在探索区块链在建设智慧城市中的应用，相信在不久之后会有大量智慧城市场景落地。

市民卡：打造智慧城市可信数据入口

智慧城市中，公民才是最重要的，他是所有数据的发起者，其也影响着社会稳定发展和智慧城市的建设。作为数据的源头，当前最紧迫的问题就是实现公民所有的行为信息真实可信，政府能够掌握个人最完全的数据。

那么区块链版本的市民卡就是一套很好的解决方案。通过在市民卡中加入宇链科技的安全芯片，市民卡可以快速记录当地市民各种行为数据，从衣食住行再到就医看病等，可以很好反映用户日常行为数据。

除乘车、看病外，区块链市民卡还集合多种支付、缴费功能，实现多卡合一、一码多用，一站式搞定交通、医疗、金融及生活等线上线下的各类民生服务需求。当然，区块链市民卡还将充分结合智慧城市建设成果，深入对接全市信用信息体系，为市民提供个人政务征信报告，推动信用体系各类服务实现"线上化"平移，让信息化时代的高效、便捷真正渗透到百姓生活的每个角落。

区块链芯片：智慧城市的发展核心

未来，数据是保证一个城市稳定运行的核心，而数据的可信程度则至关重要。硬件作为数据传输的重要入口，但却不能保证数据的可信性。究其原因，是硬件唯一身份的问题。宇链科技的区块链安全芯片完美解决了诸如硬件身份、数据可信等问题。硬件设备在植入区块链安全芯片之后可以快速将各种交互数据上传至区块链上，并且公开、透明、不可篡改。

这一领先全球的区块链安全芯片有可能在物联网的各个硬件设备中加以应用，像智能门锁，与用户身份绑定，通过市民卡也可以完成开门。另外，在线上进行授权，访客就可以通过扫描二维码或者 NFC 进入家中，而且访客的信息也会实时反馈到屋主的手机中。

随着食品药品安全问题的出现，传统的检验很难满足市场规范和消费者要求，区块链溯源已经成为溯源产业发展的方向。在区块链溯源体系中，宇链科技分别针对高价值商品、日用品等打造了 NFC 的区块链安全芯片溯源、高防复制区块链二维码溯源以及物联网可信数据模组。产品从生产、加工、运输、销售整个上下游信息全都记录在区块链上，保证数据可查和不可篡改。

智慧城市中，人人奉献的观念值得发扬。目前，国家许多地区在政策上鼓励当地居民做志愿者，但是，过去中心化数据库无法做到透明，导致志愿服务者待遇不公平。全国最大志愿服务平台志愿汇平台打造的志愿服务 3.0 可以完美解决这些问题，已在杭州市西湖区落地。志愿者通过区块链市民卡所有的服务数据在每次志愿服务之后录入公开账本，公开、透明，大大提升公民参与城市建设的兴趣。

除了政府政务高效以外，多方商业体之间的高效合作也需要芯片的赋能。智慧城市的另一考量因素就是如何促进多方合作。可信分润是指多方合作共同运营的商业、共同成就的事业，所获取的任何一分钱都可以根据经营数据，进行可信的分润，解决不可信多方难以合作的问题。目前，宇链科技已在生产线、医疗器械等领域有所应用。

智慧城市同样需要智慧安防，也就是将区块链、大数据、人工智能方面深度结合，大力发挥群众优势，将防控下沉。但是，这些数据真假难辨、难以追责、容易误判、没有奖励机制。如果在其业务中加入宇链云和安全芯片就可以很好解决问题。一方面能够接入系统外数据形成一个更大的可信数据湖；另一方面，系统外的数据也可以通过区块链和芯片将更加可信的添加进来，增加数据容量。智慧安防会大大提升视图结构化、以图搜图、人像对比等业务场景。

未来，随着区块链及其配套技术逐步走向成熟，其在数据生产、采集、处理、传输、存储、挖掘利用、收益分配等各环节的助推与保障作用将得到更加充分的展现：既能有效推进城市数据的共采共享与可信流转，又能充分保护数据安全与收益权。区块链技术的普及应用将强有力地推动新型智慧城市向更深层次、更高水平发展。

二、结合区块链技术的城市治理模式

案例一：百度依托区块链技术构建新型人工智能城市治理模式

区块链与人工智能、5G 通信网络、大数据、云计算、自动驾驶等新技术融合后，将能推动城市智能化进入新的阶段。区块链通过构建可信计算网络，在智慧城市体系中发挥了智慧城市数据流通、确权的关键作用。

百度依托国产自研的底层区块链技术（XuperChain，超级链），结合 AI 和大数据能力，通过在城市的各部门、机构以及 IoT 设备部署区块链节点，打造智能城市主权链，在遵从现有管理制度和法律法规的前提下打破城市各层级数据孤岛、解决数据低质和数据泄露等问题,为城市海量数据的确权、流转、保护和依法使用提供了技术保障,构建了新型人工智能城市治理模式。

(1)智能司法:一键立案,告别烦琐的诉讼流程

一键立案,告别烦琐诉讼程序。区块链因具备不可篡改、可追溯等特征,与司法存证具有天然的结合点。利用区块链技术,可以把电子数据变成电子证据,规范数字经济中的产权认定等问题,极大地提升司法效率。目前,百度已经和北京互联网法院、广州互联网法院、青岛仲裁委员会等多家司法机构达成合作,支持司法有效性的建设;同时百度区块链正积极助力政府构建"一号申请、一窗受理、一网通办"的政务体系。

(2)智能政务:只跑一次,办事不再困难重重

百度区块链能够助力政府构建"一号申请、一窗受理、一网通办"的政务体系。通过百度超级链的数据协同平台能够在保护用户隐私不受侵害、国家机密安全可靠基础上,用跨链计算方式实现协同工作,从根源上打破各委办局之间的数据壁垒和信息孤岛。各委办局不需相互交换具体数据,即可实现政府各职能部门数据协同和各机构信息安全可控的公开透明,提升办事效率。人民群众办理政务"只跑一次",办事不再困难重重。

(3)智能交通:数据协同网络,交警对事故快速及时处理

在智能交通领域,基于百度超级链可实现多设备可信对等协同计算,构建交通人工智能治理模式,让手机、执法仪、摄像头等常用设备可以在可信环境与城市主权链中的海量节点协同采集数据和决策,实现无须采集到目标特征也能对目标做出接近100%精准识别的效果,大幅提升治理效率。同时,数据通过各物联网节点的轻量级区块链终端完成区块链化,形成多中心记录,跨链协同计算,确保数据及时更新、防篡改、可信。如,在处理交通违章和事故场景中,路面红外摄像头、红绿灯等多种设备多维度捕捉路面情况,一旦发生违章或事故,设备

中的智能合约将信息和违章定位即时发送至交警交通执法仪当中，实现交警对事故的快速处理。

案例二：华为打造北京目录区块链，助力城市治理

特大城市的治理，一直存在着管理和服务对不齐，职责和数据靠不上，各司其职、各行其政的现象。2018年，北京市全面启动实施北京大数据行动。北京市政府和华为通力协作，将区块链的理念和技术与北京政务信息资源的共享、开放、应用实践有机结合在一起。针对共享难、协同散、应用弱等长期桎梏问题，利用华为云区块链技术，将全市各部门的职责、目录以及数据高效协同地联结在一起，打造形成了职责为根、目录为干、数据为叶的"目录区块链"系统，实现了数据变化的实时探知、数据访问的全程留痕、数据共享的有序关联。

一方面，通过市委编办、市财政局、市经信局等部门协力攻关，严格依据部门职责确定部门数据责任，实现职责—目录—数据的强关联、严绑定，为数据、系统、应用上了"户口"，解决了数据缺位、越位的问题；另一方面，建立健全全市三位一体的目录体系，依托"目录区块链"将部门间的共享关系和流程上链锁定，建构起数据共享的新规则、新秩序，共享单元下沉定位到"处室"，为共享、协同、整合立了"规矩"，解决了数据流转随意、业务协同无序等问题；最后，所有的数据共享、业务协同行为在"链"上共建共管，无数据的职责会被调整，未上链的系统将被关停，建立起了部门业务、数据、履职的全新"闭环"，解决了应用与数据脱节、技术与管理失控等问题。

在"目录区块链"系统下，民众办事效率大幅提升。例如，此前北京不动产登记业务涉及交易、缴税等4个环节，时间需要5天，还需提供户口本、结婚证等一大堆纸质材料。现在，只要登录"北京市不动产登记领域网上服务平台"或者到不动产登记大厅，即可实现"一个环节、一天办结"。通过"链"上实时调用公安、民政等多个部门的户籍

人口、社会组织等标准数据接口,实现了减材料、减流程、减时间。

另外,在便民服务热线、道路停车等多个领域,华为"目录区块链系统"都提供了有效的数据支撑和规则保障,真正实现了"马上办、网上办、就近办、一次办"的北京效率。

当前,华为在北京上线的目录链,已经实现了全市50多个委办局(市公安局、市税务局、市医保局等)数据上链,超过44000条数据项、8000多项职责目录、1900多个信息系统、2.7T的数据共享,未来将接入16个区县的信息(已接入3家),打通政府间数据共享权限管理,解决目录不全、目录数据两张皮以及目录被随意变更的问题。

案例三:巴比特将区块链应用于城市治理

在乌镇,巴比特目前正在落地"区块链＋物联网"解决垃圾处理难题的项目,这是目前为数不多的区块链落地项目。

垃圾分类回收流程中,很重要的环节是回收的垃圾是否在特定地点及时间内按计划进行了处理。现有解决方案普遍存在各个流程参与者信任不足的问题,而利用区块链不可篡改和物联网实时监控的特点,可有效解决这个"史诗级"难题。

该方案主要包括两部分,第一是区块链＋五联单制度。垃圾处理参与方都会成为区块链节点,共享垃圾处理过程中上链的信息,由此不仅可防止一方作弊,也能对违规操作进行审查、追查。第二是区块链＋物联网设备,这能保证参与方无法篡改上链时间、地点、路线等信息,数据真实可靠。

该项目的区块链技术来自比原链"一主多侧"架构的区块链服务平台Bystack,物联网技术来自中电海康旗下的乌镇街。目前,该项目已在"云享乌镇"运营中心搭建了区块链节点,并正常运转。

该项目的成功落地将为全国在垃圾处理中引入区块链解决方案提供有力借鉴。

案例四：宇链科技将区块链技术应用落地于各民生领域

(1) 区块链与志愿服务

在党中央、国务院的重大战略部署中，社会工作和志愿服务的字眼经常跃然其中，而在民间，志愿服务早已是时代"潮流"。国家许多地区在政策上鼓励当地居民做志愿者，往往会在政策方面给予好处或者相应补贴。但是，所有的奖励都基于服务的数据。过去中心化数据库无法做到透明，也会出现监守自盗的情况，导致志愿服务者待遇不公平，参与度低。宇链科技与全国最大志愿服务平台志愿汇平台打造的志愿服务3.0可以完美解决这些问题。志愿者每次服务数据都会录入公开账本，公开、透明，无法作假。作为公共的系统，宇链科技与志愿汇打造的平台还解决了公益数据跨地区验证难度大，电子化程度低，跨省服务行政效率低下的问题。

(2) 区块链与政务

过去，"互联网＋民生"为中国公民创造了很多福利，包括"尽量让群众少跑一公里""最多跑一次"等，但是数据库不统一、跨省跨部门难度大，始终没有解决一些遗留问题。区块链更像是中间连接方的角色，通过标准化、安全性打造一个多方共同合作的数据交流平台，不难想象"区块链＋民生"蕴藏着多么广阔的应用前景。比如，全国各地的血液中心数据库不同，跨省、跨地区验证难度很大，献血用户的纸质证书很容易丢失，需要时要么多部门验证，耗时、耗精力。宇链科技通过"云＋链＋芯片"的方式，实现各血液中心在保障数据隐私性、安全性、可靠性基础上的数据共享，通过区块链电子证书或者含安全芯片的献血卡，全国任何地区都可以快速验证，极大提升国内政务。

(3) 区块链＋智慧城市

"智慧城市"是利用各种新技术、新理念，以优化城市管理与服务的系统性工程。5G、人工智能、大数据、物联网概念的崛起更是将智慧城市推上了风口浪尖。智慧城市建设中大量的数据是核心，但保证数据可信作为前提。区块链有利于在政府、企业、民生三者中建立信任和透明度，这就需要区块链在身份认证、交通、房地产、公共事业管理、电子投票和社会救援等领域的应用，打造城市统一数据库。宇链科技通过"云＋链＋安全芯片"的方式，将各地区、各部门的数据以广播的形式同步到各个节点，依靠多种技术的综合运用，对信息进行整合、发布和分析，赋能智慧政务、智慧环保、智慧安防、智慧交通、智慧教育、智慧医疗、智慧生活、智慧企业等数十个场景。另外，智慧城市中各种硬件中的安全芯片至关重要，不仅可以实现权责分明，还能保证系统的安全性。

三、区块链技术与民生安全

案例一：百度基于超级链实现的智能医疗服务

智能医疗：足不出户、远程看病、送药上门

基于百度超级链技术打造的区块链医疗服务解决方案，通过构建医疗大数据网络，形成医疗互联网服务的数据安全、诊疗安全和用药安全"三大保障"，实现了对诊疗过程事前提醒、事中监控、事后追溯的全方位监管。

目前，百度已经与重庆市达成区块链智能医疗深度合作，率先推出电子处方区块链流转平台，医生诊断记录、处方、用药初审、取药信息、送药信息、支付信息都将"盖戳"后记录在电子处方流转链上。保证了电子处方的可信，同时利用智能合约加密技术保证了业务的公正透明，数据流转的安全合规。现在百度还在使用区块链技术推动新医改医药分离政策落地实施。

案例二：宇链科技在数据安全与溯源、智能门锁的应用

（1）区块链与数据安全

硬件设备的普及和区块链概念的崛起让物联网这一技术有了更加成熟的应用路径。物联网时代，硬件作为数据传输的重要入口，却不能保证数据的可信性。究其原因，硬件唯一身份无法保证。宇链科技的区块链安全芯片完美解决了诸如硬件身份、数据可信等问题。硬件设备在植入区块链安全芯片之后可以快速将各种交互数据上传至区块链上，公开、透明、不可篡改。华为事件让国家意识到自主芯片以及技术研发的重要性与紧迫性。这一领先全球的区块链安全芯片有可能在物联网的各个硬件设备中加以应用，形成各地区、各省市乃至全国的物联系统。同时，基于区块链芯片的城市网络系统也将更加安全，几乎不可能存在黑客攻击，造成城市瘫痪等各种极端情况的出现。

（2）区块链与溯源

随着食品药品安全问题的出现，传统的检验很难满足市场规范和消费者要求，区块链溯源已经成为溯源产业发展的方向。宇链科技所提供的以区块链安全芯片为核心的溯源方式，以最低成本实现了最好的溯源效果。在区块链溯源体系中，宇链科技分别针对高价值商品、日用品等打造了NFC的区块链安全芯片溯源、高防复制区块链二维码溯源以及物联网可信数据模组。产品从生产、加工、运输、销售整个上下游信息全都记录在区块链上，保证数据可查和不可篡改。在产业端下游，往往涉及供应链、供应商、加盟商与销售等问题。宇链科技的溯源技术架构中有用于多方合作、积分营销等模块，构建服务多方的统一数据营销数据库。通过区块链的公开透明，可以发展新型营销方式，如可信分销等，通过设计积分奖励，实现鼓励普通人参与营销。

（3）区块链与智能门锁

门锁是千家万户资产的保险箱，其安全性相当重要。随着智能门

锁时代的到来，钥匙的掌握权却逐渐不由房主掌控，门锁厂商掌握的隐私信息越来越多。除内部风险以外，外部对于中心化的攻击也是巨大隐患之一，往往牵一发而动全身，存在所有门锁一起被黑的情况。宇链科技"云＋链＋安全芯片"的解决方案保证门锁房主说的算、房主数据隐私和资产安全。通过分布式的验证方式，外部无法得知哪个节点验证开门，房门被外部打开的情况也就不存在。面对多人共享时，房主可采用授权的方式，为多人分配钥匙，但是任何开门信息都可以查看。另外，出了问题，链上记录也可作为证据。随着智能门锁越来越普及，安全性已成为个房主首要考虑因素，技术应该服务用户，而不应给社会添乱。

案例三：区块链技术在治安防控体系中的场景探索

经过多年发展，我国公安通信网络与计算机信息系统建设工程积累了大量的基础信息和数据，但是，网络化应用、综合应用依然薄弱，跨地区、跨部门的信息共享远未实现，公安信息系统在实际应用中的作用并未充分发挥。这主要是因为在现有的系统技术架构中，各个数据库互不相通，多方之间的协作往往需要耗费大量时间和资源。区块链作为分布式账本的出现，其技术特点和理念特点可以解决这些问题。

首先，用区块链技术打造链上身份，建立以公民身份证号码为唯一代码、统一共享的国家人口基础信息库，可以建立健全相关方面的实名登记制度，加强社会信用管理，促进信息共享，强化对守信者的鼓励和对失信者的惩戒。任何人所有的发言、留言、作恶或者做好事都可以留下痕迹。同时还能起预测以及预防错误，根据网上公开信息与唯一 ID 对应，可以明确哪里将发生什么事情，做到无事预防，有事及时处理。

其次，区块链技术也可以提升警务工作效率。公安系统可以在分配给警务人员的设备中，安装安全芯片，与警员绑定，实现链上唯一身份，实现科技强警，打造数字警务。根据链上唯一身份和链上数据库，再加上大数据分析，公安部门可以明确知道哪些地区需要更多警力，完善制度，提升工作质量。

而将区块链应用于警用装备全寿命管理，则可以使上级主管部门、装备管理部门和装备使用方，甚至装备生产厂家都参与到装备战技状态的更新与维护环节中，形成一个分布的、全监督的警用装备档案登记网络，各方均保存一个完整的档案副本，就可以有效提高警用装备档案的安全性、便利性、可信度和监督力度。

另外，区块链技术可以推动政府、社会、市场治安共建，群防群控。基于区块链的分布式特性，配合区块链安全芯片，可以构建一个分布式的可信监控网络，所有个人或企业数据如小区摄像头、个人拍摄、商场摄像头等都真实可靠、实名、有明确的奖励机制，可以轻松追溯假数据，可以大大扩大治安防控的力度。同时，基于可信数据与数据量的增加，公安防控会大大提升视图结构化、以图搜图、人像对比等业务场景。而基于区块链的奖惩机制也可以大大增加农村社会治安防控，解决面临警力不足、职能宽泛、社区警务成效不明显、综治人员配备少、任务重等问题。

最后，区块链可以打造更加安全的公安信息化系统。通过链上 ID 可以增强身份鉴权，基于数字签名的通信确保安全交互，阻止伪造信息的扩散和非法设备的接入，能够确保原始信息的准确性，记录信息修改的全部过程，能够高效防止信息、被人为恶意篡改，杜绝通过"走关系"的行为修改基础重要数据，提升公安信息的可信程度。

——第四讲——

跨越边界　生态重塑
——区块链如何应用于产业领域？

区块链技术与金融、物流、供应链管理等领域的结合，打开了一扇扇传统产业升级的大门，"链改"成为企业积极对接新技术的一个高频热门词。超级账本、智能合约、互信机制等，极大地提升了效率，降低了成本，前所未有地改变了交易方式和产业组织。

区块链技术不仅仅是一个热词，而且已经在很多产业领域开始落地应用，在第四讲和第五讲中，我们将主要通过案例分析的方式，帮助大家理解区块链技术可以发挥的作用。

一、数字金融与数字资产交易

案例一：阿里区块链技术在金融多领域的应用

（1）跨境区块链汇款

2018年6月25日，蚂蚁金服宣布全球首个基于区块链技术的电子钱包跨境汇款服务在香港上线，用户通过区块链技术进行跨境汇款耗时仅需3秒。而以前跨境汇款需要短则10分钟，长则几天。

因为涉及多个参与方，传统的跨境付款采用串联模式，需要汇款信息一步一步传递确认，耗时耗力，但区块链通过分布式共享账本与智能合约将其升级为并行，实现了交易信息的实时共享，节省了大量的传递时间和对账结算成本，使得实时到账、低成本、汇率优成为可能。

根据区块链智能合约，用户一旦提交汇款申请，所有交易环节的参与机构，包括 Alipay HK（中国香港支付宝钱包）、GCash（菲律宾电子钱包）和渣打银行，都会收到通知。在转账过程中，每个环节的参与机构都会同时执行和验证交易。

运用区块链技术，汇款人和收款人可以清楚地追踪到资金流向，包括汇款申请从何处提出、汇款人何时成功收到汇款等。

同时，所有被储存、共享及上传至区块链汇款平台的信息，都会做加密处理，以保障用户隐私。

（2）区块链电子票据

当前，人们就医普遍面临着排队长、看病难、报销烦的问题，在挂号缴费、诊断缴费、用药缴费等环节往往需要排队等待，就医的大部分时间都浪费在了等待之中，这主要就是因为看病的"最后一公里"——发票无纸化的问题仍未解决。

在传统的看病流程中，在医院完成付费以后，会得到一张纸质发票，凭票取药、治疗或者报销理赔等，但纸质发票并非完全必要。

阿里将区块链技术应用于票据上，将票据从生成、传送、储存到使用的全程中都盖上"戳"，全程可溯源、不可篡改，保证了票据的真实性，因此也无须再打印纸质票据，为实现少排队、无纸化就医提供了基础。而区块链技术的不可篡改，也杜绝了假发票、重复报销等问题。

电子票据应用后，对于收票人来说，易存储易报销；对于政府来说，降低成本，提高质效；对于开票单位来说，降低费用便于管理；对于社会来说，促进环保优化结构。

2018 年 12 月，台州中心医院成为"平台"的第一家试点机构。票据电子化后，该院患者人均就诊时间从 170 分钟降低为 75 分钟，降幅近六成，日消耗票据打印纸从 10 包 / 天减少为 1 包 / 天，纸质票据开具占比不足千分之一。预计一年可节省发票印刷费用、硬件设备维护及人工成本 2000 余万元。

（3）蚂蚁双链通平台融资

2019 年 7 月 30 日，蚂蚁金服宣布与成都产业集团下属成都中小企业融资担保有限责任公司合作的"蚂蚁双链通"中小微金融服务成功落地。其中双链即指供应链和区块链。

"蚂蚁双链通"金融服务，是在基于区块链技术构建的供应链金融平台上，打造的一个服务中小微企业的全新应用场景。该业务以供应商对核心企业的应收账款为基础，以供应商持有的应收账款凭证为数字载体，实现了核心企业信用在供应商和金融机构之间流转，让各级供应商分享信用价值，获得高效的融资服务。

"蚂蚁双链通"可以为供应链中小微企业搭建一个崭新的服务平台，在此平台下，一旦中小核心企业得到授信，整个供应链上游的众多小微企业都能依托担保公司的增信得到融资支持，融资服务由点对点升级为以点带面，信贷可得性和融资覆盖面显著提升。

案例二：腾讯数字资产探索：区块链电子发票

2018 年 8 月 10 日，由腾讯提供底层技术支持的全国首张区块链电子发票在深圳国贸餐厅开出，深圳市成为全国首个区块链电子发票试点城市。截至 2019 年 10 月 30 日，深圳市区块链电子发票已接入企业超过 7600 家，开票数量突破 1000 万张，开票金额超 70 亿元。区块链电子发票被广泛应用于金融保险、零售商超、酒店餐饮、停车服务等上百个行业。

将区块链技术和基于海量数据的税收管理相结合，腾讯金融科技构建了"双层三高"的定制性架构，可实现大规模组网，支持千万级企业参与、数亿级用户使用，具有"高安全、高可用、高性能"三大特性，为广大的用户提供了稳定的税务服务平台。

基于区块链技术全流程完整追溯、信息不可篡改等特性，区块链电子发票可以帮助企业规避假发票，完善发票监管流程，更有利于降低企业成本，建设可信体系并推动生态可持续发展。例如，区块链电子发票按需使用，无须定期往返税务局领购发票，大大减轻了公司办税人员的工作负担，提升了工作效率；免费用票，也让企业降低了额外的财务成本；此外，用户在平台上购物时，自行申请开票，无须人工干预，减少了企业人力投入。

而对于消费者而言，结账后通过手机微信功能即可自助申请开票，一键报销，发票信息将实时同步至企业和税局，免去了烦琐流程。即实现了"无须纸质发票，无须专用设备，全程手机自助操作，交易即开票,开票即报销"。

案例三：区块链技术与金融的新结合

（1）区块链与供应链金融

按照国家统计局数据,我国中小微企业数量占工商注册企业的90%以上,并提供了80%就业岗位、70%的科技创新,创造了60%的GDP和50%的税收。然而,由于经营风险较大、信用状况不佳、缺乏抵押物、生存周期较短等先天性短板,存在融资难与融资贵的问题。

基于宇链科技搭建的供应链金融平台,为平台用户（核心企业、上下游供应商、资金方）提供签发、签收、支付、融资、质押、兑付的功能,实现公开、安全的记录数据。区块链单据,将以数字资产的方式进行存储、交易、分割,在平台内流通,不易丢失、无法篡改,具有更强的安全性和不可抵赖性。此时,"区块链＋供应链金融"的出现,简化供应链金融业务的操作流程,为中小微企业融资困境的缓解开启了另一扇窗户。

（2）区块链＋工业保险

如今的中国保险业,"量"上来说已是保费3.08万亿元、总资产18万亿元的全球第二大保险市场,成绩可谓斐然。而从"质"上来说,无论是保险深度、保险密度,还是保险市场的业务结构、市场环境,我国保险业还有很大的发展空间。对于工业保险来说,一般保额大,保额标准性差、保险条款验证能力差、出问题担保能力差等,究其原因主要是难以确认事故责任。我们需要一种可信的方式来证明自己无须承担责任,且相关证明必须能在司法实践中被认可。宇链科技所提供的"云＋链＋安全芯片"的解决方案可以完美解决工业保险问题。保险商可通过安全芯片实时采集客户真实数据,可为优质客户量身计算更低保险价格;还可以针对大型工厂、危险化工企业、大型货车等保险,增加必要的免责条款,安装各类可信数据采集终端存证日常生产经营活动，一旦发生纠纷，区块链数据可作为免责证据。

（3）区块链 + 可信分润

在现实商业世界中，多方之间进行合作几乎不可能，主要原因还是经营数据不透明。可信分润是指多方合作共同运营的商业、共同成就的事业，所获取的任何一分钱都可以根据经营数据，进行可信的分润，解决不可信多方难以合作的问题。宇链科技为某医院提供了基于区块链众筹的解决方案，同样是依靠芯片对数据采集，对多方进行利润的划分。比如医疗床，普通医疗床成本较高，医院也不愿花费高昂成本购买。但是，通过众筹的方式，将区块链安全芯片植入医疗床，使用时间将会记录在链上，公开透明。众筹者可以通过链上查询对应数据，就可以知道收入是否对等，改变了传统的众筹模式。所以可信的经营数据，是多方合作的基础，"云 + 链 + 安全芯片"正好可以解决这一点。

（4）区块链 + 可信引流

在传统商业中，各大商业体系间因为数据孤岛问题难以达成信任。另外，商业体能够存活的唯一路径就是不断获取人流量（简称流量）。不论是线上还是线上，国家信息化体制的建设，已让商业模式发生了翻天覆地的变化，产生了线下门店依赖线上，线上依赖线下的情况。流量市场应运而生，但是，传统流量购买成本高、效果难以衡量。宇链科技通过区块链的方式将难以变现的各类中小企业的流量整合起来，形成流量市场，为需要流量的各类商家和 / 或品牌联盟导流，并通过区块链实现可信分账，解决了大量商家和大量流量之间每次匹配都要单独谈判和取得信任的难题。

二、B2B 交易与供应链管理

在 B2B 交易领域，信任问题始终困扰着供应链上的各企业。信息不对称导致的不信任的商品交易，让上游企业无法及时获得货款，中游加工企业无法轻易从金融机构获得贷款从而资金周转低下,下游企业面临着商品销售不易的难题。而区块链技术的应用,则能轻易解决交易环节的信任问题。

通过时序下生成的一个个区块,区块链技术可以在符合现实世界的规则下对资产存在做出诠释,从而打造一个信任传递的世界。从授权存证、证伪溯源到供应链金融,区块链可以与供应链交易场景深度结合,重新定义新的信用体系与价值体系。

农产品B2B电商平台中农网应用区块链技术在茧丝行业的多场景探索就是一个典型的案例。首先,平台为8万个鲜茧筐打上RFID标签,通过物联网采集数据,将产业链上的流通信息进行数字化处理与区块链上链。在其以区块链作为底层技术的"Z-BaaS"平台上,以区块链不可篡改的特性,对信息进行存证,从而顺藤摸瓜实现商品的溯源。缫丝厂采购蚕茧,通过区块链确保蚕茧采购数据真实,生丝可以溯源至庄口(蚕茧产地),乃至茧农。另外,中农网积极与金融机构合作,以物联网技术进行数据读取,以区块链作为数据的传输,向金融机构同步传送蚕茧信息,以其为依托,实现为产业链上各环节的农业企业提供供应链金融服务。

当前,我国产业流通环节普遍存在着效率低下、资源浪费等问题。流通领域的提质增效将为产业发展带来明显的边际效益。著名的科斯定律指出,在确权的前提下,当交易成本为零或者最小时,能实现有效率的资源配置。区块链的出现,将构建出在"数字化"状态下的信任体系、价值体系和交易秩序,从而显著降低商品流通成本。通过区块链的智能信任,流通数据变得可确权、可信任、可追溯、可共享,将最大限度地降低信任成本和风控成本,实现流通的价值的最大化,助力传统产业转型升级。

区块链技术打造的生态底层,将链接起实体企业、金融机构、仓储物流平台及其他各类服务机构,采购、生产、交易、金融、物流等产业链、供应链所有环节数据上链,实现信息透明共享,全方面提高交易效率,节省巨量社会交易成本。

货物的数据采集

智能集装箱是货物数据采集领域的典型代表。集装箱和托盘是21世纪物流领域的重要发明，在全球贸易中，超过80%总货值的货物是使用集装箱运输的。

在物流运输过程中，集装箱通过它的唯一标识——"箱号"来识别；集装箱交接同样也是以箱号为准。但如果仅仅是利用人工采集集装箱箱号数据，有35%的记录状况是不准确或非实时的，而采用图像识别方式进行监管，则需要用4—5台摄像头同时拍摄，成本较高，识别率也仅达80%—90%，雨雾中识别率还要更低，这严重影响到整个物流过程的效率。并且随着集装箱运输的快速发展，除了对集装箱箱号的记录方式与记录效率存在问题以外，集装箱货物被盗的问题也越来越严重。据统计，每年全球因集装箱失窃造成的损失达300亿—500亿美元，再加上因此导致的间接损失，全球每年约损失2000亿美元。

将物联网中的RFID等技术作为前端的自动识别与数据采集技术在物流的各主要作业环节中进行应用，可以实现物品跟踪与信息共享，极大地提高物流企业的运行效率，RFID技术在物联网中的使用催生了智能集装箱的出现。

RFID技术是一种无接触自动识别技术，通过射频信号方式进行非接触双向通信，自动识别目标对象并获取相关数据信息。RFID标签具有无接触式、大容量、快速、高容错、抗干扰和耐腐蚀、安全可靠等优点，易于安装维护。

2015年，法国达飞轮船新建造的CMA CGM Bougainville号集装箱船首次使用了智能集装箱技术。"智能集装箱"内置多个RFID及传感器封条等传感设备，实时采集信息，并利用内置的中继天线，将传感器采集的信息发往数据中心。智能集装箱逐渐成为近年来物流发展的新趋势。

智能集装箱主要是将写有集装箱编号、所属企业、出运目的地、产品代码、货物品类和保存方式等箱、货流信息的 RFID 电子标签附加在集装箱和托盘上,对集装箱而言,RFID 标签一般做成电子锁,可以同时记录货物的完整性,然后将 RFID 阅读器部署在仓库、港口等作业区的出入口、货架、叉车、起重机等位置,当带 RFID 标签的集装箱或托盘经过阅读器附近区域时,阅读器可以自动读取出 RFID 中保存的货品信息,并获知货品的位置,从而能够实时通过网络将货品所有信息数据上传到数据平台,为货品流转的监控和管理提供基础。

运输工具的数据采集

货车运输是我国 B2B 物流最主要的运输形式,对货车信息的采集和传输,也是过去几年发展最快的领域。2G 时代,货车信息采集主要是对位置和路径的采集,运用的是物联网的 GPS 卫星定位系统作为基础的货车监控系统,通过在车内安装 GPS 硬件终端,将车辆位置等数据进行实时的采集,并通过 2G 网络上传到远程服务器,从而实现集中的监控和调度等功能。但是 2G 时代的通信网络能够传输的信息并不多。2010 年开始,随着 3G 网络的普及,网络能够传输的数据量显著增加,采集更多车辆数据的 GPS 终端和对应的车辆综合管理系统开始应用。

GPS 也称为全球卫星定位系统,是一种通过卫星无线电作为导航的系统,它的服务对象为航天、陆地、海洋等,为其提供相关的导航、定位等信息内容,GPS 功能如表 4-1 所示。GPS 的应用可以实现对货物仓储、配送、运输等各个物流环节进行全程实时监控,加强物流运输车辆的管理力度,提高运输效率,优化企业的物流供应链。

表 4-1　物联网技术 GPS 功能与作用

GPS 功能	功能描述
系统用户管理	物流企业对货物进行远程调度、实时监控等系统操作,客户通过系统获取货物运送状态
地图	地图展现、缩放、拖动浏览;管理电子图层,查询地理位置;距离测量
监控	显示车辆在地图中的即时地理位置,定位、搜索和追踪车辆轨迹
定位跟踪	实时显示车辆的即时速度、方向、位置等信息,同时实现防盗功能
轨迹回放	用于单车 / 多车的历史行驶记录的显示,便于运行和事故分析
区域设置	设置多种区域,下到到车辆上,提供信息提示功能
线路文件绘制	制作车辆行驶文件,包括最优行驶线路,每段路径的最高限速、限行时间等,并下发给车辆,如违反则向系统报警备案
信息查询	实时查看车辆的联系方式、车证等信息
信息统计	车辆的行驶里程、报警原因及次数、油耗等信息
货物信息通知	通过监控端将货物信息发送至车载 GPS 终端
路况信息	通过监控端将路况信息发送至车载 GPS 终端
话务指挥	监测车辆运行状况,通过即时通话实施合理的车辆调度,实现管理目的

车辆监控系统主要包括四个部分 (如图 4-1 所示):GPS 定位卫星系统、车载终端、无线运营商的通信网络以及监控中心。通过物联网中的 GPS 定位卫星系统能使物流监控中心实时获取运输车辆的动态信息,综合分析运输车辆的运行状态、行程计划的具体执行状态以及其他重要的信息,能够对运输车辆进行实时调度;并能与运输货物流量、仓库储存量进行结合,制订出合理、可行的调度计划,将调度计划及时发送给相应的运输车辆的车载终端,司机通过车载终端快速了解调度计划,确保调度计划的及时实施。不只是货车,GPS 物联网技术在船舶等运输工具中也有应用。

对于货品运输过程而言,运输工具的数据收集固然重要,但是运输过程中货物的保存质量同样也是交易是否顺利完成的重要影响因素。货物在运输过程的保存问题主要体现在生鲜产品上,冷链物联网

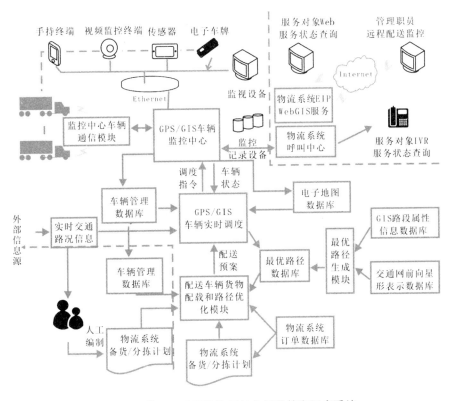

图 4-1　基于 GPS/GIS 协同的车辆监控和调度系统

温控管理监控系统也是运输过程中一个重要的组成部分。我国每年约有 4 亿吨生鲜产品进入流通领域，但是和英美等生鲜农产品冷链流通量达 95% 以上的发达国家相比，我国绝大多数生鲜农产品缺乏冷链保障，导致生鲜在火车或船舶的运输过程中腐损较为严重，每年因此损耗的金额极高，所以运用物联网技术解决生鲜冷链体系建设问题尤为重要。对冷链的监测等同于对车厢冷库的监测，是对于货车或船舶等在运输过程中货舱温度、位置等实时信息的感知。冷链监测要求更加严格，通过在冷链运输车内部安装采集模块，可以利用传感器实时获取冷藏运输车厢的温湿度信息，通过 RFID 标签存储并传送至可视化监控平台，实时监控冷链车厢内部环境，实时监控冷链运输车的工作状态，一旦冷链车厢温湿度超出系统根据车载产品类别及品质等级设定的合理区间，或者冷链运输车遇到严重前进障碍等问题，系统便会自动预警，同时向冷藏运输车发出调控指令。

三、区块链与物联网

物联网（The Internet of Things，简称 IoT）是指通过各种信息传感器、射频识别技术、全球定位系统、红外感应器、激光扫描器等各种装置与技术，实时采集任何需要监控、连接、互动的物体或过程，采集其声、光、热、电、力学、化学、生物、位置等各种需要的信息，通过各类可能的网络接入，实现物与物、物与人的泛在连接，实现对物品和过程的智能化感知、识别和管理。麻省理工学院自动标识中心于 1999 年首次提出物联网的概念，指出物联网（就是物物相联的互联网，通过 RFID、全球定位系统等信息传感设备，按照约定的协议将任意物品通过物联网域名相连接，进行信息交换和通信，以实现智能化识别、定位、跟踪、监控和管理。近两年，4G 大范围普及，5G 网络正在建设，先进的通信技术为海量设备接入网络创造了条件，物联网在各行各业开始加速落地。

▎区块链 +IoT 实现仓储中心／港口的数据流自动化

仓储管理，是对仓库及仓库内的物资所进行的管理，其核心包括进出库在内的仓库作业和移库、盘库在内的库存控制作业，作业过程中，同步记录和更新货物信息至关重要。过去货物信息的更新主要依赖人工录入和条码扫描的方式，效率低、速度慢，不能做到自动化和实时信息的跟踪监测，条码也容易被复制和损坏。随着仓储货品增多、周期变短、批量减小，传统方式越来越难以满足如今越来越高的库存管理要求。

在烟草、医药、汽车等不少领域的物流仓储中，基于 RFID 的仓储管理系统得到了成熟应用。基于 RFID 非接触高速识别的特点,通过在仓库的货架、托盘、叉车、出入口等位置布置 RFID 标签和阅读器,使货品在出入库管理、查找和盘点等作业时,数据自动同步到 WMS 仓储管理系统,实现仓储管理的数据流自动化,实现实时可视化监控,显著提高仓储管理透明度,提高管理效率。如果再搭配自动化装备,更是可以构建完全自动化的仓储中心。

基于 RFID 技术,在货品入库时,入库口通道处的阅读器识别物品的 RFID 标签,对接数据库进行核实,合格则录入系统,指引叉车等找出最佳路径将货物运送就位并完成入库,不合格则自动报警,禁止入库。出库时,系统按出库单要求,自动确定最优提货路径,根据 RFID 找到出库货品,在出库口读取 RFID 标签,进行订单对比,正确时出库并减存,异常则提示工作人员处理。

库存管理时,通过 RFID 信息可以快速查找到物品,对分类物品进行定期排查,分析库存变化。货品移位时,系统自动识别 RFID 标签,在 WMS 中同步更新货品库存信息,不再需要人工检查或扫描条码。物品在堆场的检查时,利用 RFID 技术穿透性的特点,在不移动货品的情况下,完成盘点、查找和记录。

港口是区域经济体的重要组成部分,全球 90% 以上的物资要通过港口进行运输和卸载,旧的港口运作已经不适合目前高效的运输流程,港口必须要向科技化、智能化的智慧港口转型。通过应用物联网技术,能够实现港口的信息化和互联化,使供给方和需求方共同融入港口集疏运一体化系统,实现车、船、货、港、人五大基本要素之间的无缝连接和协同联动,为现代物流业提供高安全、高效率、高品质、高服务的现代港口形态。智慧港口能够提高港口货品集装箱管理、进出车辆管理以及船舶管理的效率。以港口货物装船为例,货主将货物运送至储运中心,完成货物装箱并加装 RFID 电子标签锁,并以手持终端启动电子标签。此后在集装箱运往码头集装箱场,经过起重机装船等环节时,都通过阅读器读取集装箱电子标签的状态,确保装船的集装箱状态正常，并同步信息到港口管理系统，实现全流程数据的自动化和实时在线监控。基于 RFID 技术也可以自动完成集装箱堆码检查和查找。

企业与产业常用的区块链技术

（1）智能合约

智能合约（nick szabo，1994）是一种旨在以信息化方式传播、验证或执行合同的计算机协议，允许在没有第三方的情况下进行可信交易，这些交易可追踪且不可逆转。

以太坊的智能合约可以看作由事件驱动的、具有状态的、获得多方承认的、运行在一个可信共享的区块链账本之上的且能够根据预设条件自动处理账本上资产的程序。在矿工收集足够消息，准备加密生成一个区块时，必须启动一个运行环境（EVM）来运行智能账户收到消息时对应的代码。EVM 包含了一些内置变量，比如当前区块的 Number、消息来源的地址等，还会提供一些 API 和一个堆栈供智能合约执行时使用。

通过 EVM 运行代码后，智能账户的状态发生了变化，矿工将这些状态同普通账户里的资金变化一起，加密生成新的区块，连接到以太坊全网的账单上。因此一个交易只会在一个区块里出现，并且要得到大多数算力的确认才能连上，这可以保证这些代码执行的唯一性和正确性。

在区块链中的交易就是一个地址往另一个地址转移基本单位，以太坊在这里将这种行为抽象成消息传递。每一次消息传递有发送者，也有接收者，消息内容可以是一笔交易，也有可能是一段信息。转账，其实就是消息传递。

智能合约的优势是利用程序算法代替人仲裁和执行合同。智能合约原理示意图如图 4-2 所示。

智能合约概念比较晦涩，我们通过一个募捐的智能合约的例子来

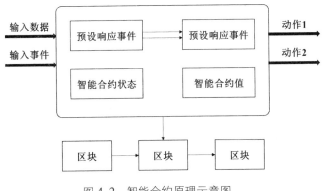

图 4-2 智能合约原理示意图

帮助理解。假设我们想向全网用户发起募捐,那就先定义一个智能账户,它有三个状态:当前募捐总量,捐款目标和被捐赠人的地址,然后给它定义接收募捐函数和捐款函数两个函数。

①接收募捐函数。接收募捐函数每次收到发过来的转账请求,先核对发送者是否有足够多的钱(EVM 会提供发送请求者的地址,程序可以通过地址获取该人当前的区块链财务状况)。然后每次募捐函数调用时,都会比较当前募捐总量跟捐款目标,如果超过目标,就把当前收到的捐款全部发送到指定的被捐款人地址,否则的话,就只更新当前募捐总量状态值。

②捐款函数。将所有捐款发送到保存的被捐赠人地址,并且将当前捐款总量清零。每一个想要募捐的人,用自己的 ETH 地址向该智能账户发起一笔转账,并且指明了要调用接收募捐函数。于是我们就有一个募捐智能合约,人们可以往里面捐款,达到限额后钱会自动发送到指定账户,全世界的矿工都在为这个合约进行计算和担保,不再需要人去盯着看捐款有没有被挪用,这就是智能合约的魅力所在。

(2)超级账本

即便是掌握了一定主动权的联盟链,也依旧无法摆脱基于账户的设计。超级账本 Hyperledger Fabric(以下简称 Fabric)本身只是一个框架,没有任何的代币或者 token 结构,只有资产的概念,当其中的模块组件确定之后（相当于定制服务），才能作为区块链进行服务。其共识机制和不采用 gas 等方式表明 Fabric 仅适用于金融机构或企业级用户，不能服务于公有链。

Fabric 是由 IBM 带头发起的一个联盟链项目，于 2015 年年底移交给 Linux 基金会，成为开源项目。超级账本基金会的成员有很多知名企业，诸如 IBM、Intel、Cisco 等。基金会里孵化了很多区块链项目，Fabric 是其中最出名的一个，一般我们提到的超级账本基本上指的都是 Fabric。

Fabric 是为了满足现代市场的需求，基于工业关注点和特定行业的多种需求来设计的，并引入了这个领域内的开拓者的经验，如扩展性。Fabric 为保护权限网络、隐私网络和多个区块链网络的私密信息提供一种新的方法。

Fabric 通过会员服务提供商（membership service provider, MSP）来登记所有的成员信息，包含一个账本，使用链码（即 chain code，是 Fabric 的智能合约）并且通过所有参与者来管理交易。虽然不能用基于账户的设计来形容框架本身，但经过定制服务后的 Fabric 区块链系统仍然采用基于账户的记账方式，只是账户对应的不是余额而是资产，交易验证通过后，账本中属于账户名下的资产会更新。

四、改变企业组织与产业结构

在区块链领域浸润的这些年，我们始终认为企业的链改（区块链技术改造）是现今这个区块链时代最有价值的事之一。区块链技术能够帮助我们优化甚至重塑企业组织与产业结构。

在讨论如何链改之前，我们必须要先明白"币改"和"链改"的差别。

币改是将应用进行通证改造，将通证引入应用中，但是币改的问题是缺乏合适的区块链平台满足应用所需的功能，使得构架于智能合约的应用很难真正落地，使得币改很容易变成"空气币"项目（指那些没有实体项目支撑，甚至一行代码都没有的项目）。

而链改则是将数据、应用上链。从应用落地来讲，链改使得应用有真实的区块链技术在底层进行支撑。区块链可以支持应用所需的功能，包括适合应用的共识机制、状态记录、数据存取等。

按照是否发行系统 token，链改大致可分为两种方式：

一种是无币区块链链改，这是以 IBM Hyperledger 为代表的解决方案。由于没有通证以及丧失相应的激励机制，这样的区块链只能是少量准入节点形成的私链和联盟链，使得与传统的中心化的解决方案相比，并没有太大的优势。此外，即使在私链网络中，建立一个安全的区块链成本也很高。

另一种是有币区块链链改，要充分发挥区块链的革命性，通证的作用不可或缺，通证的使用和流通，是实现通证动力学的重要一环。因此，有币区块链链改，将是区块链应用的最终形式。但是有币的链改需要解决不合法的 ICO 流程和上交易所带来的诸多风险，不能掉入通证炒作的陷阱。

企业为什么需要链改？企业到底是需要币改呢？还是需要链改？如何做链改？

我们认为，链改是要充分利用通证，而通证是在小范围内快速建立共识的工具。在具体的实施过程中，并不应该也不太可能做到"大而全"的商业模式，而是应当在产业或交易相关者的链条上快速建立共识。

这里的相关者一般包括产品的生产者、销售者和消费者等在链条上的每一个人，在该链条上，只要涉及人参与服务的环节都可以发行自定义的 Token，然后可以在链条上做价值交换。

以保险行业为例。保险销售员承担了教育客户的具体工程，根据每一位用户的具体情况对其进行认知升级。保险公司可以根据销售员的业绩发放销售奖励 Token，销售员的收益不仅来自一笔保险销售的提成，随着所有销售员为公司贡献的积累，公司规模扩张，保险公司的价值也体现在整个公司的成长上，拥有 Token 的销售员就还可以享受公司成长带来的收益。

这一措施看似简单，却能极大地改善了销售环节，对员工产生正向激励，相比没有这一机制的公司来说，提供 Token 的保险公司一定能够吸引更多的优秀员工，从而继续刺激公司的成长。

其实，不仅销售环节，产品的设计环节也可以引入 Token 的发行机制，保险产品设计得越好，获得越多的设计奖励 Token。设计奖励 Token 和销售奖励 Token 可以是不同类型的 Token，对应了公司成长的不同方面，这更加符合实际情况，机制更加灵活。

利用 Token 在小范围内（公司、行业）快速达成共识，整个过程对全体用户清晰可见，数据防篡改、可追溯，提供了可信的存证依据，这样的开放性机制有利于公司或行业吸引更多的人才，创造更多价值，实现可持续发展，这就是对企业组织结构的一种优化方式。

实际上，很多领域都急需进行链改以解决企业面临的问题并提升竞争力，例如房地产、旅游、文化产权交易、教育等，都是我们链改实践的核心领域。目前我们正处在打破传统企业市场中心化垄断的战役中，企业要想在区块链的新时代顺利转型，必须尽快着手链改的研究和操作，从而打破目前市场中心化垄断的现状。

在描述前面的区块链系统时，其实就已经隐现了一个前提，就是这个区块链系统应当"专项专用"。目前的区块链系统，为了保证更多的用户活跃度，往往拥有很大的野心，试图在一个链里面解决尽可能多的问题。我们认为这是不可取的。单一的链解决单一的问题，而链彼此之间的认证，则由独立的总链进行管理，实现链与链之间的细致分工，应当是更有效率也更安全的做法。在这种情况下，所谓51%多数攻击也就变得毫无意义，因为整个社会的评价并不由单一的链进行掌握，而是由一个总体却分散的体系进行综合认证。这应该是一个更为简单但却安全的做法。

更进一步来说,这样综合但却分散的区块链系统,其实已经不单单是为了单一目标而建立的一条链,更类似于一个重塑人类社会评价体系的一个机制。我们认为,区块链的价值,不应该仅仅是一个金钱上或者商业中保证互信的一个工具,也不应该是取代什么"中心化"的替代品。区块链的真正意义,应该是代表了解决人类因为信息鸿沟导致的信任难题,从而重塑整个人类社会共识机制的发展方向。

我们相信,未来应该是"小而美"的企业更多,在这样的企业中,个人发挥的作用更大,并且会有很多机器与人相互协作,同时不同的人与人之间又是相互独立、分散的、去中心化分布的这样一个商业世界。

案例:柠檬市场的治理

"柠檬市场"是经济学家乔治·阿克洛夫(George Akerlof, 1970)在学术论文中提出的一种市场现象,研究在买卖双方之间存在信息不对称的情况下,市场交易的商品质量如何降低,只留下"柠檬"。在美国俚语中,柠檬指的是只有在购买后才被发现有缺陷的汽车。

具体来说,假设买家无法区分"桃子"(高品质汽车)和"柠檬",他们只愿意为一辆汽车支付固定的价格,即市场平均价格(平均价格来源于"桃子"的价格和"柠檬"的价格的平均值)。但是卖家实际上知道他们自己持有的车到底是"桃子"还是"柠檬"。鉴于买家愿意支付的价格(即市场平均价格)固定,卖家只有在卖出"柠檬"时才得利,持有"桃子"的卖家将离开市场。最终,随着"桃子"卖家逐渐离开,买家愿意支付的平均价格也会下降(因为市场上的汽车平均质量下降),导致更多高品质汽车的卖家离开市场,恶性循环。也就是说,不知情的买方价格会产生逆向选择问题,从而驱逐高品质汽车离开市场,逆向选择是一种可能导致市场崩溃的市场机制,低廉的价格驱走了优质商品的卖家,只留下了"柠檬"卖家。

我们提出柠檬市场现象的根本原因是认知不对称，即使面对完全相同的信息，买卖双方由于交易者认知水平不同，对价格依然有不同判断，最终都认为己方获利，交易（经济协作）才可能达成。市场交易普遍存在的认知不对称，使得柠檬市场现象频发（并不仅限于传统商品交易），信息优势方隐藏信息，劣势方被迫采用市场平均值判断商品质量，优势方则获得提供低质量商品的激励，触发"劣币驱逐良币"。

但区块链与人工智能技术的结合应用，将可以很好地解决柠檬市场的问题。以票据交易为例，可以从认知坎陷的角度出发，采用双重利率定价法，引入认知利率的概念。将用户的认知水平纳入定价体系，用户对资产、风险和市场的认知，可以通过交易记录来衡量，用户的认知水平越高、信用记录越好，其权重系数越高，认知得以测量，知识与信用得以发挥真正的经济效用。票据被承兑后，系统会根据合约，参照中间价和央行利率，对历史卖家进行补偿。票据违约的风险则由历史买家共同承担。双重利率定价法鼓励用户诚信交易、提升自己的认知水平并让用户从中受益，正向的激励促使用户将优质票据带入市场，从根源上避免柠檬市场的产生。该机制可以通过区块链技术实施，并能适用于基于网络平台的任意形式的金融产品交易。

利用区块链技术能更好地平衡交易双方之间的认知或心理落差，改善这种认知不对称。例如，针对每一笔交易，持票人给出的认知利率会被记录下来，成交利率也会被记录在案，待票据生命周期结束并顺利承兑后，所有参与该票据买卖过程的人都能按照中间价来分配利益。区块链技术的核心特点是提供可靠存证，历史记录不可篡改。对全体用户而言，所有人的买卖信息、行为均记录在案且不可更改，这就提供了天然可靠的参考依据。票据虽然有废掉的可能性，但根据交易者的历史信息，用户可以自行判断风险，给出合适的价格。即便是历史中部分承兑的票据，只要承兑价格高于中间价，依然可归为合格的票据。在这一系统中，越维持诚信交易的用户可信度越高，而一旦恶意定价，或废票率较高，用户就会被质疑，这样就引导用户对交易行为负责,谨慎定价而非漫天要价或恶意压低。也就是说,出价越接近最终实际成交价格的用户是对票据判断正确率越高的用户,在交易中往往更具可信度,更受欢迎。

这样的机制将会彻底颠覆现有的票据交易模式。区块链技术的引入,能够确保所有的交易数据记录在案不可篡改,使得成交价格不再是一锤定音,而是能够根据票据生命周期范围内的历史记录,在票据承兑后对历史用户进行补偿。这样的机制对新入场用户而言,他们的定价也变得有意义,市场虽然要承担风险,但最终价格所有参与者都可以接受,相比传统机制的恶性循环,基于区块链技术来实施双重利率定价机制更能鼓励优质的票据参与市场,给予用户的是正向激励,而非走向柠檬市场,最终实现良币驱逐劣币,彻底突破传统市场中劣币驱逐良币的怪圈。

—— 第五讲 ——

精细智造　链改赋能

——区块链如何改变智能制造？

区块链如何赋能实体经济？如何介入生产制造的全节点、全流程、全链条，支持制造企业实现数字化、网络化、智能化升级？区块链技术势必在建设网络强国、发展数字经济中发挥重大作用。

一、区块链技术对智能制造的改造

物联网是企业转型升级，实现智慧生产的基础。在利用 RFID、传感器等各种技术对物流各要素进行数据采集的基础上，B 端企业将物流中所采集的数据转化成生产的一大要素并应用到生产智能化管理中，提升企业的生产效率及管理效率，降低企业生产成本及库存压力，提升行业资源配置效率。

基于商品的全流程数字化信息记录，企业通过对物联网数据的利用升级智慧物流和智慧供应链的后勤保障网络系统，直接感知和汇总终端顾客需求，驱动企业生产，最大限度实现供需匹配，满足多变的消费者需求，还能根据车间内生产状况信息合理调度生产资源，并结合分销商数据实现快速及时补货。过去由于商品没有联网，难以做到终端产品销售信息的实时获取，而物联网技术，提供了这种可能。

实现供需精准对接的按需生产系统

多年以来，工厂的生产一直是基于客户需求预测驱动的供应链物流模式，实行大规模生产、库存销售，这种模式在投资和生产成本方面有明显优势，但对需求预测的失准，会导致渠道产生库存积压，产品周转率低，占据仓储空间及仓储管理资源时间过长，导致对企业而言产品过剩的成本极高。党的十九大报告提出，必须坚持质量第一、效益优先，以供给侧结构性改革为主线，推动经济发展质量变革、效益变革和动力变革。企业应该把提高供给体系质量作为主攻方向，利用新技术做到按需生产。

市场在随着消费者喜好而变化，B 端企业也在随着市场而变化。不同的需求方企业有着不同的个性化需求，但是以往工厂的大批量生产模式单一，产品品种和数量有限，难以适应需求方企业越来越个性化和快速变化的需求，通过利用物联网技术，如 RFID 技术、传感器技术等，采集大量精准数据并加以分析，能够对企业生产有指导性作用。

例如，在商品流转的每个环节，都可以通过将 RFID 嵌入商品，或在货架上使用物理传感器等，及时获知每一个货品状态，使企业实时清晰了解分销链，根据货品实际销售情况合理调整生产计划，争取做到多销多产，少销少产，货品的生产数量根据消费者偏好进行灵活调整，合理调整产品生产周期。通过 GPS 技术对运输车队或船舰进行实时定位，使企业实时获取运输信息，根据运输进展合理安排生产进度，减少货品在厂房的堆积时长及成本，降低货车／船舶的空载率。通过港口反馈的信息，企业能够实时掌握港口进出情况，如港口停运、港口船舶承载压力多大等，厂家同样能够根据港口信息进行生产预测。

建立生产车间的智能调度系统

运用物联网进行智能调度的例子随处可见，比如说通过 GPS 实时监测车辆位置以及路面状况，企业根据物联网反馈的信息对车辆发出调度指令，司机通过车载设备实时接收指令，根据调度指令对车辆行驶进行调整。摩拜为每辆共享单车配备了芯片，可以精准掌握每辆单车的位置和状态，根据实际情况进行车辆空间分配，平衡潮汐问题，提高用车率等。

物联网除了应用在车辆等运输工具的智能调度上，还能在车间生产资源调度上发挥重要作用。车间生产的资源调度是现代化生产管理中的一个重要环节，改善车间资源的调度能够大大促进生产管理的效率,提高生产管理的自动化水平,提升企业竞争力以及社会经济效益。

车间生产调度问题是指针对某项可以分解的任务,在已有资源、环境等条件的约束下,如何有效地分配每一部分任务所占用的资源、生产时间以及生产顺序等,以得到一个最佳的生产效果。生产资源包括:原材料、设备(加工、存储、运输)、人力、资金和能源等。衡量指标包括:生产成本、库存成本、生产周期、设备利用率、人力物力利用率等。伴随着新技术的发展,如物联网等技术的普及,车间调度问题得以智能化发展。

传统的生产调度方法主要是依靠车间管理者的经验及专家意见分配每个生产线上的人力、物力以及设备资源等。而当物联网一旦被应用到生产车间中来,生产调度问题就能够建立在数据的基础上得到智能化的解决。

首先,物联网在车间的应用能够促进生产资源利用率的最大化。通过 RFID 技术以及传感器可以实时监测货物生产状况,检测不同生产线的承载量,考虑各个工序的生产节拍,优先合理地将人力、物力分配到任务最重的生产线上;还可以监测人或设备的动向和闲置状态,充分利用劳动力和提高设备利用率;除此之外还可以监测货物位置,为后台计算货物运输最短路径提供数据,尽可能避免货物运输渠道冲突状况的发生。

其次,物联网在车间的应用能够最高效地解决故障问题,保障作业安全。物联网技术应用到生产设备及生产线上,可以第一时间发现设备故障、辊道故障、RGV 故障、操作异常等问题,使车间变动性增强。

搭建快速响应的产供销系统

敏捷制造是近年来呈现的一种新的制造系统模式,强调生产系统的柔性和并行性,注重生产过程中的信息网络化和生产技术集成化,能够帮助企业提高产品的快速响应能力,以适应产品市场需求的不断变化。而从企业生产和销售能力的角度来看，敏捷就是指能够使产品制造提前期短、种类多、批量少，能给顾客带来更多的价值。快速响应是敏捷制造的重要标志之一，代表生产能够对客户需求给予快速的响应。而物联网技术的演进，为敏捷制造的进一步发展提供了技术支撑。

物联网技术促进产供销的快速响应主要表现在两个方面：一是及时快速补货，二是灵活调配仓储库存。

通过在货物中植入 RFID 芯片，实时监测分销商 / 门店货物的使用状况或销售状况，并通过互联网反馈到产供销各方，使供应商及生产商能够同步掌握信息，在货物断销前做到提前生产，并提前配送补货，从而最大限度地减少缺货和超额成本情况的出现，通过自下而上的联合多层级补货系统，帮助产供销各方提高库存管理水平，减轻库存压力。除了能够及时补货以外，通过预测不同区域的货物销售数量，企业还能合理调配不同地区的库存量，减轻企业运营成本及运输成本。

物联网推动智能生产的实践

PRADA 在纽约的旗舰店内，每件衣服上都有 RFID 码。每当一个顾客拿起一件 PRADA 进试衣间，RFID 会被自动识别，试衣间里的屏幕会自动播放模特穿着这件衣服走台步的视频。人一看见模特，就会下意识里美化自己。同时，数据会传至 PRADA 总部。每一件衣服在哪个城市哪个旗舰店什么时间被拿进试衣间停留多长时间，数据都被存储起来加以分析。

日本快时尚巨头优衣库在全球 3000 家门店引入 RFID 电子标签。H&M 早在 2014 年便已经引入电子标签，ZARA 也于 2017 年完成了在全球 2200 家零售店和物流中心完成 RFID 系统的安装。

RFID 技术在服装行业的多个环节得到应用，实现供应链全程的商品实时动态跟踪查询，对商品数量、销售情况等信息进行监控管理，为企业管理者提供真实、有效、及时的管理和决策支持信息，以此降低经营成本，提高利润率和竞争力。目前，服装行业应用 RFID 技术的典型场景有 3 个：

（1）生产环节（对应场景——工厂）。每一件服装对应的一枚 RFID 电子标签可以包含所有从生产到售出的信息数据，使管理者能够准确、高效地定位问题可能出现的地方。在生产过程中，利用 RFID 电子标签可以管理、控制生产进度及调度，记录不同的工序和工段实际产生的结果。

（2）仓储环节（对应场景——仓库）。利用 RFID 技术的多目标识别和非可视化识别特性，可以提高收货、配货、发货、盘点等仓储作业效率和库存管理准确率。

（3）销售环节（对应场景——门店）。门店可采用手持式阅读器进行服装统计。消费者购买服装时，销售员通过 RFID 标签阅读器向消费者展示服装的详细信息，商品销售后可将 RFID 标签回收重复利用，以节省成本。

通过 RFID 手持式阅读器或专用盘点设备，门店可以实时对在架商品和库存商品进行盘点，大幅缩短盘点时间，提高盘点准确率。同时，结合集成有 RFID 功能的显示屏等设备，门店可以更好地向顾客展示商品的详细信息，包括穿着效果、搭配推荐等，方便店员为顾客提供更个性化的服务。

对于 RFID 技术带给服装企业的应用效益，可以概括为提高供应链效率和零售库存准确性、防止商品损失、提升客户体验等四个方面（如图 5-1 所示）。

迄今为止，一些实例表明，RFID 确实对企业库存管理的精确性和效率提升方面起到了重要推动作用。RFID 技术促使企业库存精确性不断提高，脱销或者滞销现象大幅缩减，缓冲库存量降低，重复订单的临界值不断优化，节省出大量货架空间。实施 RFID 技术的仓库比未实施 RFID 技术的仓库销售量提高达 3%—8%，零售商库存盘点速度提高 20 多倍，库存数据精度提高 30% 以上。RFID 技术的实施，大大

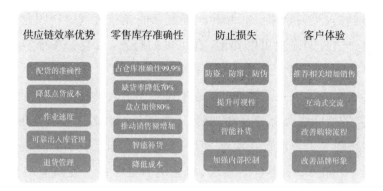

图 5-1　RFID 的业务效益分析

提高了企业库存管理的精确性，也提高了企业为客户服务的准时性、高效性和精确性。

虽然目前将物流物联网数据应用到智慧生产中的例子普遍出现在服装业等 C 端中，但是 C 端纷纷尝试物流物联网的应用恰恰说明了此生产模式的可行性，应用到 B 端中只是时间的问题。

二、未来智能系统的设计思路

智能具有专业性，对机器如此，对人亦然。机器的专业性相对容易理解，但专业性不代表简单或单一，例如 DeepMind 在论文中也表示，AlphaGo Zero 不仅会学习围棋，也轻松拿下了将棋和国际象棋。人类的智能同样具有专业性。人类作为社会群体的智能集合和人作为单独个体的智能不能混为一谈，爱因斯坦、黎曼在物理、数学方面具有卓越的成就，但不代表他们也一定擅长诗词歌赋，不同的人在不同领域有自己的专长，在另外一些领域则可能一窍不通，这也是我们生而为人的特点，而非全能的"神"或"上帝"。

既然人类的智能具有个体差异性、专业性，那么我们又有什么理由要求机器必须方方面面都超越人类才算是强人工智能呢？ AlphaGo Zero 在棋类游戏方面战胜人类冠军棋手，AlphaFold 成功预测蛋白质折叠，远胜人类科学家，AlphaStar 在复杂的竞技游戏中让职业选手屡屡受挫……我们完全可以相信，在可见的将来，人类会在很多领域被机器一项一项超越。这些 AI 并不是要凑足 1000 个、10000 个并关联在一起才能成为强人工智能，而是像我们理解人类智能具有专业性一样，机器的智能也具有专业性，强人工智能逐渐在各个领域实现。

虽然强人工智能正在实现，但一个无所不知无所不能的上帝人格的机器（比如 AGI）不可能实现，未来的智能系统一定具有专业性和多样性（diversity），并且有两大要件必不可少。

其一是机器主体性的内核（seed），就像是一颗具有自我意识的种子，在适合的环境中就能自然生长。机器并不需要像人类一样经历漫长的进化，但需要一个内核，不同机器的内核不同。这种内核的挑选可以有很大的自由度，内核的性质最终会决定系统进化的速度和程度，类似于物理系统中的初始条件，不同的初始值最终会导致物理系统演变成具有相距甚异的特征。内核使得智能系统具有自然生长的倾向（或自我肯定需求），它实际上是机器对世界的看法，具有全局性，是它从自然生长倾向的角度来理解的整个世界，有"万物皆备于我"的意味。机器的内核与人的关系非常紧密，可以是由人赋予机器的，也可以是机器模仿人类个体而来，并且在机器进行内化和炼化的过程中，都会有外部 agent（人或机器）的参与。

其二是"自我"与"外界"对接（compromise/reconciliation）的规则，即机器自己所理解的模型（或已有的认知模式）与它所新观测到的数据的对接。对接的结果可能有三种：第一，如果机器完全无法理解新的内容，可以忽略掉新数据；第二，如果机器认为可以理解一部分数据，就按照自己的方式进行对接，这种理解往往是主观性较强、偏差较大的对接；第三，机器主动修改自己的认知模式来对接新的数据，以寻求最大限度的契合，偏差依然存在但较小。

智能系统对世界的理解带有主体性，就一定会有偏差，但这种偏差并不是简单的、随机的曲解，而是在理解世界的过程中试图把观测到的世界整合进自己的认知模型，从这个意义上看智能系统是全局性的，但即便是全局依然会忽略掉很多它无法理解的内容。机器与外部（其他机器、人类、物理环境）契合或者默契的形成一般倾向于以极简的方式达成，最基础、底层的处理应该是尽量保持最简的变化以顺利平稳过渡到新的认知水平。

对接规则可以很多样，并且可能随着进化而内化，从而慢慢变成机器"自我"的一部分，助力形成一个自然生长的、具有更强理解能力的智能系统。一个智能系统不一定是永远存续的，如果它失去了自然生长的动力，那么我们就认为它不再是一个智能系统。就像人类个体如果不再具有自我肯定需求，例如患有严重的老年痴呆症，就像陷入到无尽的黑暗世界中无法抽离，对所听所闻所见均无反应，那就很难继续将其视为一位具有高级智能的人类。

一个真正有效的智能系统社会一定是 multi-agent 的形式，不同的机器由于具有不同的主体性内核，遵循不同的对接规则，所以各自理解的世界也会不同，不同机器各有专长，共同形成智能系统生态。一个智能系统如果过于强大不会是好的生态，会压制其他智能系统。机器之间可以相互学习、相互平衡，再重新内化或炼化就快得多。机器再强大也不可能把全世界的内容都涵盖，指数灾难、暗无限是机器与生俱来的威胁，某些领域虽然人类或大部分机器无须实践，但可能也需要一些机器进行艰难而孤独的尝试。

人工智能时代的全面到来指日可待，但这并不意味着人类就要过度恐慌，我们仍然有机会占得未来的先机。原因就在于，目前机器在最抽象层面还很难进行目的性的创造，短期内也不太可能做到。人类进化的历程承载了非常多的内容，可以说现在的人类几乎承载了全世界的内容，但对机器而言，还不可能短时间就掌握全部，这也为人类争取到了时间，我们需要利用这些仅剩的时间优势找到未来相对安全可行的人机交互方式。

我们还不能确定机器是否会炼化、开显出新的认知坎陷方向，但有这个可能。机器即便开显新的方向，也不会是从零开始，一定是与人有关系，因为机器需要内核，内核大概率会由人类赋予而来，这就不会是一个零的起点，在人类赋予的基础上，机器还会向人类或物理世界的其他资源学习。由于机器的反应速度（纳秒量级）比人类的反应速度（毫秒量级）快得多，如果我们赋予机器的内核依然是追求效率与利益最大化的核心价值，对人类而言就十分危险，机器很可能在不那么聪明的时候就能将人类抹掉，就像我们删除垃圾邮件一样简单。

我们认为，机器在决策时间的延迟与等待就是将来机器必须遵循的伦理之一。具体地说，机器不应当被设计为将效率作为第一原则，也不能只顾追求全自动化的执行模式，尤其是在一些重大决策中，必须要求机器配合人类的反应速度，等待人类的反应信号，才能继续执行命令。区块链技术可以用来对AI的制造和成长进行监督，在链上的AI也要像其他人类认知主体一样，必须通过一点一滴地诚实记录，经过长时间的积累，证明自己的可靠性，这一过程没有捷径可走，即便是再聪明的人、再强大的AI也必须有长时间的、可靠的历史记录作为背书，不可能由某一个突然出现的超级智能替代人类或其他AI进行决策。未来智能系统遵循的安全设计，使得机器节点在做重大决策时的响应时间必须匹配人类的反应时间，让人类在未来与机器在同一时间尺度上达成共识，共同进化博弈。

三、BI中台

区块链技术可以应用于B2B协作服务场景中，在B2B领域的主体间协作一般是企业组织的协作，互联网环境下的企业协作需要依靠软件系统来实现，而软件的基本属性之一就是易变性。在软件生命周期中，软件处在一个不断变化的环境中，面对不断更新的新需求、新应用环境、性能改进等，B2B协作服务系统为更好地给用户提供服务，软件自身也在进行持续动态演化。相对于软件维护而言，软件演化是软件系统高层次、结构化、持续性的改变，以便更好地满足用户要求，也更易于维护。持续动态演化是软件的固有特性，软件的持续动态演化特性对于适应未来软件发展的开放性、异构性具有重要意义，了解和发现软件动态演化规律有助于提高软件产品质量，降低软件二次开发和维护成本。

目前互联网协作服务系统的可扩展性，还存在一系列的问题没有得到根本解决，例如，如何在进行局部软件服务替换的时候保证替换前后软件系统行为的一致性，如何设计灵活的处理机制，如何实时、准确地对变更前后状态进行切换等。这些问题的根源可以归结为用户需求持续变化导致的协作系统的服务持续演化问题。

我们提出了一套分层设计的人机智能融合的协作机制，可以实现B2B协作服务的有效扩展，有利于实现企业组织的区块链技术升级与改造（简称"链改"）。该机制的通用结构包括针对基础数据的数据链层、面向客户需求的商务智能（business intelligence，BI）中台和成长型业务层。数据链层就是tokenization实现的最重要部分，可以看作是坎陷化的知识工程，数据链层的数据需要经过原始数据处理才能入库，一旦记录便不可篡改。基于基础的数据链层，提取关键信息构建BI中台，并继续在此之上进行知识计算，构建知识图谱，建立具备认知坎陷的、具有特定领域常识的、专业的智能应用，为B2B场景的协作业务提供更有效率、更专业的技术支撑。

企业组织客户的上链动机实际上是需要我们提供区块链技术为客户进行适合的区块链技术升级或改造，帮助客户将价值上链并交易的。不同于币改专注于简单的商业模式的通证化改造，B2B协作系统的链改专注于价值上链之后对整个企业组织的赋能，整体逻辑的本质就是通过区块链实现企业"供给侧改革"。价值上链的核心主要包括三个方面：

第一，链改通过高效赋能和改良企业组织的生产关系来实现供给侧改革，正是应用区块链技术中的去中心化、不可篡改以及分布式账本等技术特性对业务的改造实现了区块链从"概念"到"实体"的升级。需要注意的是，链改的对象并不再是初创企业，而是不同行业的"腰部企业组织"，正是这些在行业中规模适中、地位并不占优势的企业组织，最具备相关条件进行链改，能够有动力去实施链改，从而实现弯道超车的效果。

第二，链改通过价值上链的方式，将区块链技术与适合改造的企业组织生态结合，实现真正的业务落地。通过升级改造传统企业组织的商业生态的基本逻辑，解决行业本身的痛点，进而形成更加底层的、根本性的商业模式。正是对企业组织的不同要素重新配置，以及对生产关系进行变革，才能推动传统行业在新的技术生态中能够结合自身优势快速发展，改变其无法形成核心竞争力的落后态势。

第三，链改通过区块链技术的部分原理对传统行业进行改造，是一种更加精准和有针对性的改造。链改并不追求将所有的区块链技术特性应用于业务，而是根据企业的需求和行业特性进行区块链改造，不仅能够实现以往币改的通证经济模型的落地，而且能够更加契合特定企业组织的需求，能够真正实现不同企业组织的供给侧改革。

正因为链改具备以上特性，所以区块链技术的应用场景得到了极大的拓展，区块链技术能够应用在金融、医疗、版权、教育、物联网等多个领域。如果说"互联网＋"对传统实体行业的改造和变革还是基于信息和技术层面的，那么以"区块链＋"为核心的链改是真正能够推动传统实体行业大变革的浪潮。数字经济领域的创新者和创业者们，也应该具备对这样的科技浪潮的创新机会的敏锐嗅觉，通过链改来真正实现区块链领域的创新。

"大型企业—中小型企业—个人客户"（B2B2C）的商业逻辑在相当长一段时间内都是成立且清晰的，每个环节具有自己的分工和特点。尤其是中间的中小型企业不能被迅速绕过，它们承担了迅速响应、教育客户、"最后一公里"等细节工作，对于个人的消费体验而言十分重要，大型企业难以直接在个人客户端市场实现面面俱到。

　　B2B 智能交易平台就是针对企业提供平台服务,尤其是中小型企业,急需一个实惠有效的宣传平台,将自己的产品展现给潜在客户;客户也需要一个专业可信的信息渠道,寻找合作伙伴。同时,B2B 的业务交互信息还需要得到充分的安全保证和适当的隐私保护。客户上链的动机在于既需要可靠合作方又需要信息隐私性。

B2B 协作特点

　　(1) B2B 业务强调职业精神

　　B2B 业务的开展有专业门槛的要求,从业者必须具备专业知识和职业精神才能在 B2B 业务中占得一席之地。

　　平台业务本身已经非常复杂,例如化学品、药品的交易,不同品牌、同一品种的药品成分、规格、适用人群就不一定相同,代码编码就会很不一样。打造平台的平台,作为集大成者,将更为复杂。因此,B2B 业务尤其强调职业精神和专业性,传统的 B2B 交易强依赖于客户之间的线下交互与客户关系的维护,尤其是大宗交易中,客户很难将一笔大订单交给完全没有过业务往来的新买家或卖

　　家,一般都需要多次交互,买卖从小做到大,循序渐进,这样才能让买卖双方放心,保持供需的相对稳定和可靠。

　　正是因为 B2B 业务的特性和要求,B2B 将是非常适合实现人机智能融合的应用场景。一方面,B2B 的数据与 ToC 业务数据相比是小数据,更需要机器智能和算法的引入,同时 B2B 业务交互的频率相对较低,允许人类有足够的时间反应并决策。另一方面,区块链技术的存证特性正好与 B2B 业务需求契合,数据链层、独立 ID 也非常重要,数据无法篡改,交易、token 可以清晰追溯,都能为 B2B 业务的可靠性提供保障。

　　(2) 认知不对称与配送成本

　　交易市场中普遍存在的认知不对称现象以及配送成本的问题,是 B2B 交易成立的两大重要因素。

配送成本或时空定价是比较容易量化的问题，因此也可以交由具有一定资质的第三方完成。交易者的认知水平则是动态变化且难以量化的，不同交易者之间的认知差异（gap）可以说会永远存在，因此对认知的不对称性并没有统一的评估标准，也不太可能由第三方完成。

认知不对称是指，两个客户在面对相同的信息量时也可能给出差别很大的价值判断，这与认知主体过去积累的经验、现有的认知水平有关，因此我们更倾向于用认知不对称来描述交易市场上的不对称性。对交易标的物的价值判断，对交易风险的评估，都与交易者对市场的认知水平紧密相关。

一方面，正是交易双方的认知不对称，使得针对交易标的物的价值判断有谈判空间，才使得交易成为可能，也是 B2B 交易成立的重要因素之一；另一方面，虽然认知不对称是普遍存在的，但也不能任其肆意分化，如果不能对其加以适当的填补，就容易导致柠檬市场或中小微企业的生存难题。因此我们计划引入区块链技术，让区块链提供价值传递的工具，从一定程度上填补 B2B 交易中的认知不对称，避免出现柠檬市场的恶性循环，也为中小微企业客户提供一个可信、可追溯的信用评估工具。

（3）企业组织间协作挑战

一是企业对技术或信息的安全顾虑。任何一家企业都会担心如果将自家的信息或技术放到其他平台上，就脱离了自己的掌握，难免会存在机密泄露的隐患，而且其他平台企业越是同行，就越是忌惮，企业对于研发、生产和经营数据在工业互联网平台上的共享普遍持相当保守的态度。因此，出于对机密和知识产权的保护等问题，大企业更倾向于开发自己的平台。

二是不同 B2B 平台之间的割裂。早期制造业信息化在中国推广普及的结果是造成了无数的"千岛湖"和"烟囱式"的企业信息化集成项目，不同品牌与功能的信息化软件之间难以集成，信息化软件与物理系统难以集成，不同企业之间的信息化系统就更难以集成。今天的工业互联网平台依然存在此问题。

三是 B2B 业务的复杂性。从事设备联网二十多年的北京亚控科技发展有限公司资深专家郑炳权认为，想要实现工业设备之间无障碍的通信，需要打通至少五千种通信协议。朱铎先认为，尽管现在设备通信协议趋于标准化，但在不同利益的羁绊与驱使下，不同企业尤其是商业巨头之间未能就协议达成一致标准。由于 B2B 业务的复杂性，我们在探索人机协作这一过程中，也会遇到类似的非标准化、接口多而杂的问题。

信息技术的持续高速发展，尤其是在存储空间、通信效率和计算速度上的大幅跃升，使得过去不可能或很难实现的任务变得可行且成本更低。

1956 年，IBM 的 RAMAC 305 计算机装载了世界上第一个硬盘驱动器，正式开启磁盘存储时代。这台驱动器体型大约为 2 台冰箱大，重量约 1t，能存储 5MB 的信息。1969 年 Advanced Memory System 公司生产的全球第一块 DRAM 芯片容量为 1KB。1999 年，松下、东芝和 SanDisk 基于 MMC 卡技术，共同研发了 SD 卡，一直使用至今。六十多年来，计算机的存储容量增长了 106 倍。带宽速度从每秒几百字节增长到百兆量级，5G 技术的传输速度理论峰值更是高达 10GB/s。除了存储与带宽，计算机算力、人工智能技术也在持续快速发展，现在已到考虑全新的体系结构，解决网络世界中主体协作普遍存在的效率与安全问题的时候了，全新的体系结构中的每个细节都可以由 AI 辅助通过人机结合的方式完成。

在 B2B 领域，短期内不可能实现通用人工智能 (AGI)。"术业有专攻"，人类的高级智能并非通用的，虽然大多数人具有相似的常识，但人类个体的智能具有专业性。在部分细分的专业领域已经实现了强人工智能，机器已然超越人类，例如 AlphaGo Zero 能够打败人类棋手冠军，AlphaHold 能够完胜人类进行蛋白质折叠的预测，AlphaStar 在竞技游戏中打败职业选手等。

C 端业务（B2C、C2C）是典型的大数据应用场景，但在大多数 B2B 业务中，并没有海量数据，B2B 在智能化、信息化、互联网化方面仍有极大的上升空间，更需要引入人工智能技术对相对小体量的数据进行有效分析。

5G 技术的出现也为人类的未来赋予了新机遇，超快速、稳定的数据传输，使得远程实时分身技术成为可能，势必为我们未来的生活和工作方式带来前所未有的便利与变化。

区块链技术的核心价值在于存证与通证，不可篡改的记录使得信用和价值得以有效传播，极大地提升交易、投资等工作的效率和可信度。

链改本身的使命共识，在国家战略层面是赋能实体经济，拥抱监管；在产业战略层面是找到提高效率、降低成本下的最大共识公约数。助力实体经济供给侧改革，去库存，提高融资能力，增效能，建立区块链新世界的价值投资信心，赋能实体经济，助力产业升级动能转换，降低成本，提高效率。

赋能实体：提高实体经济的活力和动力，不断提升管理效率，增加用户、供应商和员工的黏性和活力。

创造价值：不断降低企业的经营成本、市场费用，不断创造新的产品和服务，不断创造新的客户，创造新的价值。

产融结合：让更多的产业和金融融合，让更多的企业获得更广泛的融资渠道，解决融资贵、融资难的问题。

生态发展：聚集企业、政府、协会、媒体、投行、基金、交易所、咨询机构、教育机构等，促进区块链生态的快速发展，多方获益。

在区块链的技术框架下，B2B 的各参与方可以进行公开、透明的协作，新的诚信体系、价值体系和交易秩序将会由此产生。基于区块链技术，为企业提供全生态服务的 B2B 平台可以设置相应的奖励机制鼓励 B2B 平台上的企业成为区块链的节点，将企业基本信息、交易记录、物流信息与资金来往、信用记录等信息全部存储在区块链上，B2B

平台能够直接获取这些标准化的信息，从而进行进一步处理。

　　长久以来，企业 IT 架构大多采用前台、后台双层架构，前台是与用户直接交互的系统，后台是企业的核心资源，包括数据、基础设施和计算平台等，如财务系统、客户关系管理系统、仓库物流管理系统。企业后台系统并不主要服务于前台系统创新，更多的是为了实现后端资源的电子化管理。后台系统大部分采用外包和自建的方式，版本迭代慢，无法定制化，更新困难，考虑到企业安全、审计、合法等限制，无法快速变化，以支持前台快速变化的创新需求。前台往往追求快速创新迭代，后台系统管理较为稳定的后端资源，追求稳定。因为后台修改的成本和风险较高，因此需要尽量保证其稳定性，但还要响应用户持续不断的需求，自然将大量的业务逻辑放置到前台，引入重复的同时使前台系统不断臃肿膨胀。因此这种"前台 + 后台"的系统架构极易出现匹配失衡。

B2B 分层协作设计

　　基于上述对场景和技术趋势的判断，我们针对 B2B 的应用场景，提出了一套分层设计的人机协作机制，根据应用场景可以具化成相应的系统架构。设计的核心思路在于，专注从数据的角度进行处理并按时响应个性化需求。这套设计自底向上包括数据链层、BI 中台和成长型业务层，又可以根据实现 / 应用场景演化为服务架构和 B2B 架构，如图 5-2 所示为分层的 B2B 人机协作机制示图。

　　数据链层，顾名思义，采用了区块链底层技术，通过数据上链、分布式存储的方式，实现数据的链式组织，数据只能够不断追加和查询，而不能够被删除或篡改，以此来保障数据的安全性与一致性。存储的数据支持多种结构，具有很强的灵活性。

　　BI 中台是需求导向的，相当于一个一个的智能代理（agent），通过成长型业务层获得用户需求，将用户需求智能拆解为数据需求并向

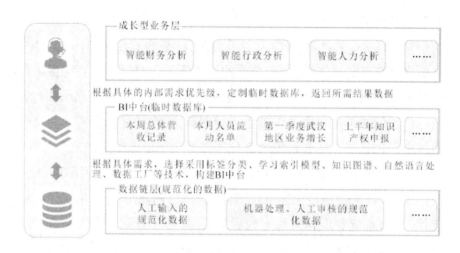

图 5-2　分层的 B2B 人机协作机制示意图

数据链层申请获得相关数据,再经整理后返回结果给业务层。BI 中台的性能并不一定都需要实时性,根据具体的场景和需求优先级可以是实时的或异步响应的。BI 中台的查询方式可以是索引目录表、机器学习索引模型、多标签极限分类方式,可以形成知识图谱、数据工厂等形式,达到对数据链层的粗粒度抽象。

成长型业务层提供两大功能,其一是捕获用户需求,其二是通过与用户的交互逐渐适应用户的行为习惯。

BI 中台根据需求查询数据链层中的数据,解析后生成结果,并能够根据用户的不同需求做出适应性调整。智能服务机器人直接调用 BI 中台为用户提供服务,服务包括数据分析、构建知识图谱等多种类型。

(1)基于安全设计的数据链层

所有基本信息都永久存储在数据链层中。信息的具体格式没有规范化要求,可以是结构化的数据,可以是非结构化的数据,也可以两者同时存在。信息的内容可以包括文本、图片、视频等多种格式。我们在进行基本信息写入数据链层申请时,系统可以向申请者收取一定的费用,以保障系统中存放的信息的价值。例如,当使用区块链作为永久数据存储模块时,这种费用可以通过通证的形式收取。

数据链层中所存储的信息可以包括修改信息。由于已写入数据无法被修改或删除,当确认已有数据存在谬误时,可以申请修改已有数据的基本信息。修改已有数据的基本信息可以包括但不限于待修改信息位置、修改后的内容、修改的原因、修改的时间等。如果修改申请被写入数据链层中,原信息和修改信息同时存在,BI 中台可以根据需要进行查询。

信息可以是以明文、加密或部分加密的本地或分布式形式存储的,具体的存储方式可以根据存储内容的不同做出相应的调整。例如存放视频等较大规模数据时使用分布式的存储,存放财务信息时使用加密本地存储的方式。

基本信息应该是通过审核后再进行存储的。审核要素包括但不限于数据的真实性、数据的完整性等。审核可以由人工来完成,也可以由特定的程序进行校验。对于满足特定要求的数据在扣除申请者一定费用后进行写入,对于不满足特定要求的数据向申请者返回拒绝写入的结果。

(2) 治理机制设计的 BI 中台

随着互联网进程的推进,新业务模式不断涌现,把各个平台的数据放在一个单独的子模块中做汇总、聚合、转换的设计模式,"中台"的概念应运而生,但并没有一个统一的规范。例如,2015 年阿里巴巴就提出了"中台战略",主要指的是阿里要实施业务中台,使得对用户的响应更快,更能满足个性化需求。ThoughtWorks 先后提出了数据中台和 AI 中台的概念。数据中台提供的是存储和计算的能力,基于不同的业务场景,构建出了用来支撑不同业务的数据服务,依托于强大的计算力,可以快速缩短获得结果的周期。而 AI 中台则是将算法模型融入进来构建服务,让构建算法模型服务更加快速高效,以更好地面向业务。但无论是数据中台还是 AI 中台,都是一层基础设施,做好基础设施只是第一步,如何让它的价值最大化,还要依托于 AI 中台不断结合业务来持续优化，做到"持续智能"。

从技术发展过程的角度来看，大部分的单体架构比较接近于"前台＋后台"模式，由于需求的不断细化、增加，最原始的"一刀切"模式很难满足要求，分布式软件架构则可以或多或少体现出"中台"思想。把视角切换到面向未来的主体协作场景中，如果我们想要打造一个可靠的、可用的主体间的协作平台，就很难从现有框架中选择一个优点均衡方案。

相比业务中台、数据中台和 AI 中台，我们提出的分层设计的 B2B 协作机制以 B2B 场景为切入口，是一个非常适合人机协作的环境。一方面，B2B 的数据量一般还不足以达到大数据的量级；另一方面，企业级客户的协作时间较长，需要严谨决策，而非冲动交易或协作。在这样的前提条件下，机器的智能就显得更为重要，一般海量数据条件下，简单算法也可以达到一定效果，但在数据量不是特别充足的情况下，不同的 AI 算法选择和优化方法就很可能导致差异很大的效果。

BI 中台的设计始终从认知坎陷的视角出发，即关注目标本身，在垂直方向上的逻辑链条十分清晰，彼此之间能够清晰切割，BI 中台直接对应成长型业务层的需求，根据个性化的需求梳理、请求或增加数据链层的数据，原始数据互不干扰，并且新增或扩展业务层需求、数据链层的数据，都不会影响已有的功能和原始数据。

也正因为如此，分层设计的 B2B 协作服务系统不仅能够实现"链改"，也能为客户定制 BI 中台服务，对组织或企业级客户来说，在平台上每新增或扩充一项品种业务，重点是配套研发 BI 中台内相关的 AI 撮合系统，这一套服务可以适当收费，作为盈利点。

BI 中台的生成依赖于特定的智能处理机器人。智能处理机器人能够根据 BI 中台的要求解析区块链中的不同类型的数据，使之转化成为智能服务机器人所需要的形式。智能服务机器人直接使用 BI 中台的数据，为用户提供服务。这类服务包括但不限于数据展示、数据统计、知识图谱构建等。从已有系统迁移到本系统结构中时，能够最大限度地保留原系统。原系统中的数据存储部分只需要追加权限管理即可在新系统中使用，且新系统中能存放更多结构、更多类型的数据而不改变原数据。原系统中的服务可以直接成为新系统中的一个（或多个）智能服务机器人，新系统只需要按照新的需求构建新的智能服务机器人即可。

　　通过融合人类与机器的智能，能够实现两类主体的高效协作。首先，引入机器学习的方式，让机器或服务运行的载体主动适应不同用户的操作习惯，改善用户体验。其次，通过自然语言处理技术，能够实现基本的人机交互，释放一部分人力劳动。最后，通过智能推荐算法，系统能够为协作方提供智能撮合，加快进程。机器学习不仅可以用于学习业务知识，还可以用于学习用户的行为习惯。我们以企业内部工作场景为例，该场景的特征是，对原始数据的清理相对简单清晰，顶层的需求较复杂，对实时性要求不一，此时人机协作机制可应用为不同架构。

　　例如，企业的财务数据，虽然项目繁多，但相对而言容易清理、规范化，可以根据交易、票据等提取所需项目及金额，与财务数据相关的需求又很多元，时间上可以按日、周、月、季度、半年度、年度进行汇总，项目上可以是所有项目的营收概览，也可以细致到某一商品的具体交易，优先级上看，可以是高管需要的实时数据，也可以是财务人员制作周期报表的低实时性要求数据，等等。通过应用撮合服务架构，在底层的数据链层可以采用机器辅助财务人员的方式，对大量财务数据进行快速的审核入库，顶层可以通过对话机器人或人机结合的交互方式，迅速分解需求，然后根据需求构建中间层的 BI 中台，由 BI 中台调用并按逻辑梳理数据，返回给需求方。一方面，需求方不用与底层数据直接交互，节省了时间，也提升了安全性；另一方面，数据链层只需要负责录入有效数据，不用局限于数据的具体形式，可以是结构化、半结构化或非结构化数据，由 BI 中台根据需求进行查阅、调取和结构化，聚焦于数据本身，逻辑清晰，可以降低原始数据的管理成本，提升数据应用的效率。

　　服务架构也可应用于金融产品智能对接系统，其主要功能是模拟风控，预评估客户资料，为不同的企业或组织客户对接适合的金融机构及金融产品。虽然是外部业务，但金融撮合系统的业务需求范围相对简单，所涉及的数据较为标准、容易梳理，简单的 BI 中台或人机结合的 BI 中台即可满足需求。

　　（3）历时性设计助力智能制造的服务撮合

　　分层设计的 B2B 协作服务系统，未来可以在多种具体的 B2B 交易场景下应用，该场景的特征是，原始数据的形式非常复杂，可以是任意形式的数据输入，比如可以是记录 B2B 交易的、传统的关系型数据库和非结构化的 NoSQL 数据库（键值对、列表、文档型），可以是现有的客户关系管理系统基础数据，可以是 ERP 数据，也可以是文本、图像、音频、视频等。例如，除了信用证交易数据，还可以有相关货物在库或在运的图片、视频、声音等信息以作背书等用途。

　　B2B 架构在数据存储与智能交易的设计基础上，尤其强调底层数据链层的管理与维护，从区块链的视角来看就是 tokenization 实现的最重要部分，这一部分的过程可以看作是坎陷化的知识工程。数据链层的数据需要经过处理才能入库，一旦记录便不可篡改。对原始数据的处理，可以是完全人工录入（比如重要的信用证、合同等数据），也可以是完全机器录入（比如视频处理、OCR 处理），或者是人机结合的形式，让机器先做重复性的、工作量大的预处理，再由专人进行审核上传。

　　数据链层里存储的就是上链数据，由于系统采用联盟链的区块链技术，数据的录入存在一定的审核门槛，主要包括节点数据（新客户注册）、交易表单（节点发起交易，录入需要采购或者可以供应的商品数据）、时间戳数据（根据客户提交的数据进行验证并上链）和奖惩通知数据等。除了交易数据可以上链，客户节点也可以选择将日常运营数据上链，例如仓储数据、物流数据等，数据越丰富，对节点提升信用度越有帮助。

当 BI 中台逐渐成熟,除了不同种类的 B2B 交易,B2B 架构还可以支持物流、仓储等数据上链及管理以及服务架构里提供的各类服务。

实施效果分析

目前的企业组织间协作服务系统设计主要分为单体设计和分布式设计。根据 B2B 的不同业务场景,可以在上述架构设计中找到能够在一定程度上满足要求的思路。但问题在于,系统的需求不停变化,系统规模一般也在逐渐增大,复杂度逐渐增加,传统的设计思路难以为 B2B 提供一个持续可用的、支持有效功能扩展的基础设计。新兴的数据中台和 AI 中台主张一开始就给出比较完备的系统设计方案,但对于互联网程度较低的 B2B 协作场景而言,实施起来的难度较大。

上述提出的 B2B 协作服务系统的设计方案,就是针对实际中复杂多变的需求问题,允许系统对用户的需求变化快速响应,且不影响已有的功能服务,对需求变更的兼容性极强,允许定制每一位用户与系统的交互方式,用户体验极佳,同时保证数据的安全性与一致性,适用于分布式或并行处理方案,并行性能理论上支持无穷扩展。

该架构方案包括成长型业务层、BI 中台和数据链层。

(1)成长型业务层捕获用户需求的新增或者修改;

(2)BI 中台根据用户需求映射数据需求;

(3)BI 中台可向数据链层请求所需数据;

(4)数据链层可以根据数据需求录入数据。

B2B 智能交易技术架构方案由价值驱动,基于数据进行一系列的垂直处理,方案的核心特点包括:

(1)允许定制用户与机器的交互方式,例如语音、文字等不同的输入形式,或手机、平板、电脑等不同接入设备,由系统适应用户的习惯,用户体验极佳;

(2)支持软件服务的动态演化,价值驱动、基于数据的设计能够支持用户不断变化的需求，不影响其他已有的功能，并行友好，且并行性能理论上支持无穷扩展；

（3）保证数据的安全性与一致性，采用区块链底层技术，保证数据的不可篡改、安全和一致性，数据链层可根据需求录入数据。

—— 第六讲 ——

分布自治　拥抱监管

——区块链能否实现治理与监管？

　　区块链安全吗？它有什么样的防御机制？在看起来设计完美的数字世界中，它会是一个独立王国吗？政府如何实现对区块链的有效监管，防止失序，让它更好地为社会生活和产业发展服务？

北京时间 2019 年 6 月 22 日凌晨，反洗钱金融行动特别工作组 FATF 正式发布数字资产和数字资产服务商的监管指南，其中一些颇具争议性的内容依然得到保留，比如该指南规定：每次加密货币转移，必须包括交易双方的姓名、账号、地址、出生日期，身份证号码等详细的个人信息。

出于反洗钱和反恐融资的需求，对数字资产行业的监管确实有必要，但数字资产作为新兴技术和新兴行业，监管手段也应该与时俱进。一方面，传统金融体系的监管规则在数字资产领域并不能照搬就适用；另一方面，如果不能从区块链技术本身实现监管友好，就只能由外界第三方施加各种监管规则，与区块链项目的有机生长可能产生冲突。

因此，对加密行业或数字资产的监管，由区块链自己出手更为合适。我们完全可以构建基于区块链技术的金融监管科技，在保证大多数交易客户隐私安全的前提下，达到 FATF 等组织设定的反洗钱和反恐融资目标。

我们提出的以通证为核心的区块链技术，其基础是一套全新的 Token 通用结构框架，基于通证（Token-based）的记账方式，配备以灵活的 Token 权限管理机制，能够实现高安全性、高 TPS（Transactions Per Second，每秒交易数）和监管友好的特性。具体地，我们给出了四种设计方案，可以单独或组合应用到不同的系统中。其一，抵御 51% 攻击，即便攻击发生，也能实施精准的局部回滚而非全局回滚，不会影响其他已经发生的正常交易；其二，通过优化工作量证明机制，同时强调并行计算、串行计算和人工计算参与的多问题求解，可以将机器的速度与人类的反应时间相匹配，防止机器因为遵循简单效率原则且执行速度过快而可能对人类造成的威胁；其三，哈希加密算法对信息传输及协作隐私性提供安全保障；其四，提出用户丢失私钥时的可行解决方案。

一、局部回滚抵御 51% 攻击

在这一套系统中，任何现实世界的资产、证书、凭证都可以通过发行 Token 实现凭证的数字化，我们所说的 Token 一般是非同质性的通证 (Non-Fungible Tokens, NFTs)，其结构如图 6-1 所示。对于同质性通证 (Fungible Tokens, FTs) 可以看作是同一 Domain 下不同面额的 Token，图 6-1 所示结构同样适用。

系统发行的或用户发行的所有 Token 都满足同一套通用的 Token 结构，具体来说包括以下 4 个部分：每一个 Token 包含一个且仅有一个的域名 (Domain Name)，域名对应了一种特定的域 (Domain)，也就是表示该通证所属的类型。确定域名后，发行者还要给每一个 Token 设定一个在该域范围内具有唯一性的通证名称 (Token Name)。Token Name 可以有特殊含义，例如，用商品的条形码作为命名规则，其中就包含了商品的原产国、制造商等信息。

每一个 Token 的唯一性由 Domain Name 加上 Token Name 的组合

图 6-1　Token 通用的结构示意图

字段来共同确定。每个 Token 还包含该凭证的所有者（Owner）的信息，一个 Token 至少有一个 Owner。也就是说，在系统中允许同一个 Token 拥有多个 Owner，这在处理一些实际生活中问题时将起重要作用。属性对（attribute pairs），根据 Token 发行者的需求，每一个 Token 可以包含一个或多个属性对，每一个属性对由一个 key 和相应的 value 组成。例如，对于 Token-based 系统中的同质性 Token 而言，面额是其中一个基本的属性对，即 key 为 denomination，value 为该 Token 所代表的具体面额。

根据我们设计和定义的通证的通用结构，每张通证都具有唯一标识符，这也是帮助智能系统抵御 51% 攻击的重要原因。具体来看，这种抵御效果可以从三个方面进行阐述：

（1）抵御新用户攻击。在我们的系统中，由于所有的通证都可以通过 ID 进行追踪，新用户发行的通证很容易看出来是"新币"（即上一笔交易确认时间较近的通证）。在区块链网络中，新币通常没有旧币（即已经确认较久的通证）吃香，原因就在于通常确认时间越长的通证，越不容易被回滚，那么对于新用户的新币，交易者一般会谨慎待之，并且在确认交易之前，交易者可以随时拒绝交易。

（2）防止老用户攻击。老用户也可能发起攻击，不论这种攻击是由于网络中断造成的无心之失，还是蓄谋已久的首次犯案，交易历史都能通过 token ID 准确追溯。通证的唯一性使得系统可以有效追踪可疑通证相关的交易者、交易时间等信息，即便在短时间内通证的交易频次很高，也不会阻碍系统的追踪。追踪得到的数据可以用来进行进一步的分析处理，并据此决定采取何种修复及惩罚措施。

（3）避免全局回滚。区块链系统中的回滚一直备受争议。目前的区块链系统大多宣称防止篡改但允许（全局）回滚。全局回滚对公有链的信誉而言是巨大的伤害，但为了尽可能地弥补用户损失，这似乎又是遭受攻击之后的无奈之举。即便不是恶意攻击，由于网络或其他非主观因素也可能导致双花或交易冲突，使得交易还未被写入区块或确认，但通证已经发生了交易。在这种情况下，我们的技术方案允许事后实施局部回滚，也就是只调整可疑通证的交易记录，而不用影响或回滚其他已经发生的正常交易。局部回滚之所以可能，也是由于通证的唯一性，让系统能够精确搜索到涉事的交易通证和交易者，一旦确认，即可回滚相关交易，并在下一个区块中记录局部回滚的信息，甚至可以将可疑信息广播，以示惩罚。局部回滚根据 ID 被专门记录，便于未来任何时候快速检索。

由于设计方案的基因不同，精准的局部回滚在 UTXO 和基于账户的记账方式中均难以实现。UTXO 中的通证虽然具有唯一地址，但由于每一笔交易都依赖于上一笔或多笔交易的未花费输出，回滚起来一般都会牵一发而动全身，难以与正常交易清晰割裂开。基于账户的记账方式记载的一般是账户对应的余额或资产数量，难以从 token ID 的角度进行追溯与还原。

二、节能的 PoW 助力人机安全协作

人机交互中的安全问题十分重要，我们提出了一种节能的 PoW。在讨论区块链的共识机制中曾经提到，PoW 的不足之一就是对能源的

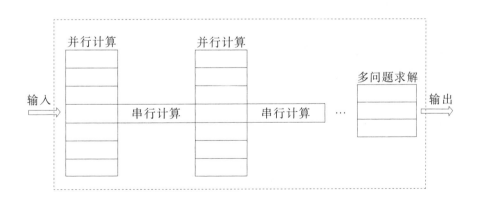

图 6-2 一种优化的 POW 示意图

耗费。我们提出的一种节能的 PoW 方法，关键在于不仅强调并行算力，也强调串行算力，要求记账竞争节点执行并行计算任务、串行计算任务以及多个问题求解任务，如图 6-2 所示。

其中，执行并行计算任务、执行串行计算任务和执行多个问题求解任务，这三类任务具体的执行模式和工作量，由实施的共识机制决定，执行模式是指如何在并行计算任务、串行计算任务和多个问题求解任务之间切换，可以通过共识机制调整三类任务的比例，任何一类任务的比例可以在 0—100% 之间。

执行并行计算任务和执行串行计算任务是相互排斥的，不能同时进行，执行串行计算任务时，并行计算能力可以出租或另作他用，执行并行计算任务时，串行计算能力也可以出租或另作他用，并且串行计算的结果可以作为接下来的并行计算的输入之一，并行计算的结果也可以作为接下来的串行计算的输入之一。

多个问题求解任务的产生依赖于前续的并行计算和串行计算得出的参数。对于多个问题求解任务，共识机制可以事先给定具体的问题集合，也可以每隔一段周期交给用户投票选拔，由具体实施的共识机制决定，问题类型包括但不限于多个丢番图（Diophantine）问题的求解，按照共识机制对这多个问题进行排序，大致遵循从简单到复杂的顺序。例如丢番图方程（Diophantine equation）中，参数的位数越长，一般地，该方程难度也就越大，可以以此作为丢番图问题的排序依据，原则上求解需要按照该顺序进行，直至求出所有的解，或者达到共识机制规定的解题时间的上限。以下公式是一个典型的丢番图方程，研究这类不定方程要依次解决三个问题：第一，判断何时有解；第二，方程在有解时需要决定解的个数；第三，求出所有的解。

多个问题求解任务，按照目前的认知水平，解题过程很可能需要人工参与，希尔伯特第十大问题的否证陈述意味着，丢番图问题随着系数逐渐增大，将变为一个不可计算的问题，因而需要人的参与，人工参与的内容包括但不限于在有解情况下寻找初始解的范围，或由人工干涉并证明所求问题是否有解。

多个问题的解答可由机器验证，验证方式包括但不限于按照统一规定的解题顺序验证解答的正确性，如果某一道题目解答错误就不再验证该节点后续的解答，如果不同节点给出的正确解答的问题的数目相同，那么按照共识机制决定的方式判断，这种方式包括但不限于最后一个解答的复杂度，以及提交解答的时间先后。一般地，在丢番图问题中，一个问题可能有多个解，解的位数越多视为该解答的复杂度越高也越占优，而提交解答时间越早的越占优。并行计算任务，包括但不限于执行哈希函数。串行计算任务，包括但不限于用线性同余生成长序列或超长序列的随机数。

这种优化的 PoW 机制能够有效解决能耗问题，并且引导算力迭代进化。一方面，由共识机制决定的串行、并行的切换执行，可以让机器在执行一种计算时，出让另一种计算能力，能够让能耗花费得有价值；另一方面，即便是小组织或个人节点，也可以通过按时或按需租用并行计算能力强的设备实现"挖矿"，优化机制赋予了这些节点更多的竞争机会。同时，有计算能力的个人参与进来，判断例如丢番图等机器无解或难解问题是否有解，或者在有解情况下锁定初始解及其范围，人工的参与既可以为有能力者提供就业机会，又可以大幅减少并行计算的资源消耗。

在优化的 PoW 机制中，我们的挖矿机制参考了比特币区块链。比特币采用的 PoW 机制就是矿工计算出来的区块哈希值必须小于目标值，通过不停地变换区块头（即尝试不同的 nonce 值）作为输入进行 SHA–256 运算，找出一个特定格式哈希值的过程。

在我们的设计中，每一个通证有独特的 ID，系统中由挖矿得来的 token ID 与 nonce 有对应关系，哈希算法的输入值也会包含节点的部分个性化信息，例如姓名、生日等，用于指向身份，以待后续的验证和交易。在我们的系统中，一个通证就代表了一个意识片段或者认知坎陷，系统挖矿得到的通证并非由用户定义发行而来，标记上更多的节点信息，也可以表示该通证或认知坎陷的开显之处。挖矿得到的通证面值不同，根据难度或者挖矿时间的不同而变化，一般来说难度越大的、系统越早期的挖矿，得到的通证面值越大。

现在的区块链 2.0、区块链 3.0 系统中，用户想要发币几乎没有门槛，没有背书的成本，我们则要求必须是挖矿出来才能进行协作。出块时间也可以更长，例如一个小时出一个区块，根据系统的规模和需求量可以适当调整出块速度。

在我们设计的交易生态中，节点要进行协作必须有类似于注册公司所需的保证金或银行的资本金，在系统中对应的就是挖矿得来的通证。主体可以委托矿工或自行组织挖矿，挖矿得来的通证需要将主体（个人或企业组织）的相关信息进行哈希运算，即可视为成功注册，具有协作资质。

同质性通证具有面值，但相同面值的同质性通证也不一定具有相同的价值。例如，两个不同节点，挖矿得来的通证具有相同的 100 万面值，A 节点用通证来注册并成立公司，开展生意业务并有机增长，而 B 节点仅用来进行了几笔交易，那么即便这笔通证都还剩下 90 万的可用额度，代表的价值也不一样，A 的信用记录、偿还能力更好，那么 A 持有的通证价值也会越大。这种设计对应到现实中，就好像两家运营状态不同的企业，注册资金相同但实际价值可能相差很大。

三、加密算法保护协作隐私性

隐私性又可以分为所有协作数据的隐私性，以及通证及其所有者的对应关系的隐私性两个方面。针对前者，我们可以通过哈希算法对数据传输进行加密）；针对后者，我们可以通过零知识证明算法对所有者身份进行验证。

零知识证明（zero-knowledge proofs）是一种特殊的交互式证明机制，其特殊之处在于，虽然证明者知道问题的答案，需要向验证者证明自己"知道答案"这一事实,但是又要求验证者不能获得答案的任何信息。

在区块链世界,数据的隐私保护是非常重要的内容。一方面,各节点的物理身份是隐藏的,取而代之的是一段地址;另一方面,我们又需要确保节点的真实可靠,这样就需要我们在不知道具体细节的情况下,证明某些主张的真实性。

这一类问题的解决方案包括零知识证明及同态加密(homomorphic encryption)。零知识证明是一种特殊的交互式证明,其中证明者知道问题的答案,他需要向验证者证明"他知道答案"这一事实,但是要求验证者不能获得答案的任何信息。

同态加密是一种加密形式,它允许人们对密文进行特定的代数运算且得到的仍然是加密的结果,将其加密所得到的结果与对明文进行同样的运算结果一样。换言之,这项技术令人们可以在加密的数据中进行诸如检索、比较等操作,得出正确的结果,而在整个处理过程中无须对数据进行解密。同态加密是一种具有极高潜力的隐私保护解决方案,即便缺少某些细节,我们仍然能够将整个数据集合进行有效计算。

以通证为核心,我们允许用户自定义通证类型,并且一个通证支持一个或多个所有者,加上灵活的权限管理结构,使得通证能够满足大部分用户的实际应用需求。当用户私钥丢失(被盗或自己遗失),以通证为核心的记账方式使得用户可以追溯通证的所有权变更的全部记录,即便是在私钥被恶意盗取的情况下,也可以快速锁定通证流向,给用户提供可以起诉盗窃者的有效证据。

以通证为核心设计配以基于通证的操作权限管理机制,使得第三方可以提供很多服务,比如遗失私钥后的通证找回操作。系统目前使用的是与比特币区块链类似的加密算法,主要包括椭圆曲线非对称加密算法和SHA–256哈希加密算法。如图6–3所示,公司C提供通证找回服务示例中,公司C专门提供密码保护服务,Alice担心自己遗失了私钥可能会失去自己的通证,她可以设置转移权限为所有者组权重

1，组 C 权重 1，并且设置转移阈值为 1。在这种情况下，即使 Alice 遗失了自己的私钥无法自己完成通证转移的授权，她仍然可以向公司 C 证明自己 Alice 的身份（通过身份证或指纹等）来让公司 C 提供授权，这样 Alice 可以通过把通证转移到一个新的账户上，以避免失去自己的通证。

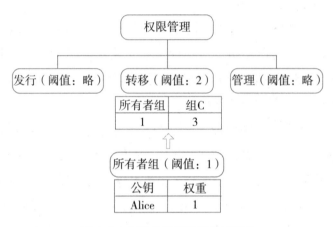

图 6-3　公司 C 提供通证找回服务

当然，公司 C 可能会作恶从而偷走 Alice 的通证，但是所有的操作都会被记录在链上，无法篡改无法抵赖，一旦被发现，公司 C 将会彻底失去信誉。这并非安全问题，也不是系统的漏洞，通常情况下，在任何一个区块链系统中，用户私钥的丢失相当于失去了持有的全部通证，而在以通证为核心的设计中，系统为用户提供了一种可行的方案。Alice 同意使用密码保护公司 C 的第三方服务应视作充分了解潜在风险后的决定，并非系统强制所有用户使用第三方服务，而是通过开放一定的灵活性，为用户提供更多的选择、更好的服务体验。

四、治理与监管

纸币是一种不记名票据（bearer token），繁复的防伪印刷技术能够确保纸币的合法性，安全交易仅需验证纸币，无须关心持有者的身份，也不用查阅纸币的流通史，对纸币消费的记账属于可有可无的行为。传统的电子货币则是通过引入第三方交易中介、垄断记账权，来保证交易的安全性。

区块链系统中的记账方式是系统的设计核心之一，不一样的区块链具体实现方式有所不同。如何制定出安全可靠可追溯、执行速度快且能满足绝大部分应用场景需求的记账方式，是所有区块链都面临的重要问题。

基于通证的记账方式支持并行交互

目前主流的记账方式可以分为两大类：第一类是中本聪在比特币区块链中提出并使用的 UTXO 记账方式，第二类是以以太坊等区块链为代表的基于账户的记账方式。账户模型与传统的银行的记账方法很类似。用户可以在银行创建一个账户，然后在账户里存钱或者消费，银行相应地更改账户里的余额，这就与 UTXO 做法完全不同。账户模型比 UTXO 更高效，因为系统只用更新数据库中的余额，而不需要创建新的 UTXO。但是账户模型并不适合分片，因为在账户模型中，如果一个用户想要向他人转账，需要经过这样两个步骤：第一步是修改原来持有者的账户，第二步是修改新持有者的账户。出于安全原因，系统必须对这两个步骤进行原子性的操作，但在分片环境中，原子性很难保证，即便实现了原子性也会使得系统性能变低。但是，在通证模型中，只需要一个步骤，即增加通证新的所有者。

基于通证的区块链系统采用的是基于通证的记账方式，也就是说，通证的转移在本质上就是变更了通证的所有者（owner）信息。当发起交易时，参与该通证流通的成员可通过签署数字签名确认该次操作，由系统的验证者节点（verifier）（投票选举产生）确认满足权限要求并同步到其他节点后，该通证的所有权即发生变化，过程如图 6-4 所示。

(1) 通过私钥为交易加密
(2) 验证签名及权限是否达到阈值
(3) 验证通过后更新所有者信息

图 6-4 以通证为核心的区块链系统中通证转移的过程示意图

由于通证的转移只是改变了通证的所有者，我们根据区块链以通证为中心的特点，对现有区块链的技术进行了改进。在系统内部，每个通证的转移是独立的，不会相互影响，因此是天然可并行的。在多核 CPU 上，这极大地提高了记账者验证交易及写入区块的性能。由于聚焦于通证的相关功能，我们精减了不必要的抽象，系统的性能可在传统区块链上有巨大的提升。

灵活的权限管理支持监管友好

系统的治理设计方案中，涉及的权限管理包括三种权限类型，即发行、转移和管理。发行（issue）是指在该域中发行通证的权限。转移（transfer）是指转移该域中通证的权限。管理（manage）是指修改该域权限管理的权限。每一个权限都由一个树形结构来管理，我们称为权限树（authorization tree）。从根节点开始，每一个授权都包括阈值，以及与之相对应的一个或多个参与者（actor）。

参与者分为三种：账户（account）、组（group）和所有者组（owner group）。账户是独立的个体用户，组是集群账户，所有者组是一个特殊的组。一个组可以是俱乐部、公司、政府部门或者基金会，也可以只是一个人。组包含组的公钥以及每个成员的公钥和权重。当批准操作的组中所有授权成员的权重总计达到阈值时，该操作就被批准。同时，可以授权持有组公钥的成员对组成员及其权重进行修改。我们称这种机制为组内自治（group autonomy）。

当一个组第一次创建时，系统自动生成一个组 ID 分配给它。发行者在域中设计权限管理时，可以直接引用现有的组 ID 作为其权限管理的某一个组。由于组内自治，每一个组都可以方便地重复使用。

一个通证的持有者是一个特殊的组，它的名字固定为所有者组，包含所有该通证的所有者。这个组的特点是不同通证的所有者组不同，并且每一个成员的权重都是 1，而组的阈值是组内成员的总数。

在系统中每个通证所属的域定义了相应的权限管理，每当有用户发起对某个通证的操作时，系统必须先检查该操作的合法性。如果签发同意该操作的用户权重值之和达到（即等于或大于）该通证所需的权重阈值，则该操作视作合法，可以被执行，否则用户操作将被拒绝。

权限管理的对象分为三类：发行权、交易权和管理权。发行权即发行该域下的通证；交易权即通证的转移；管理权是对该域的管理，包括设置各操作权限阈值、可以进行该操作的用户组等。

权限管理由通证发行者设定，每一个权限至少由一个组来管理。当一个通证发行时，发行者必须指定每一个权限下相关组的权重和阈值。在一个域下执行任何操作之前，系统会验证该操作是否得到了足够的权重，只有当得到授权的权重达到阈值，操作才会被执行。这种灵活的权限管理与分组设计适用于现实生活中的许多复杂情况。

Token-based 模型能够方便实现多签机制，在不同的应用场景中，由具体的通证发行者，根据实际需求进行监管级别的设定。例如房产交易涉及的监管部门就可能包括银行、房管局等组织，均可受邀参与多签，不同监管部门的侧重点也不一样，对应的权重也不同，甚至可以有一票否决权，能够有效实现强监管。在很多其他应用场景中，只需要弱监管，那么发行者就不需要设置监管部门参与多签，只需要定期或根据要求报备通知即可。监管的力度与用户交易隐私之间的平衡取决于具体的应用场景下 Token 发行者定义的权限管理机制，并且发行者可以根据实际情况再调整更新通证的权限树。

数据上链的规范

在利用区块链技术进行具体设计与实现的过程中，最能发挥区块链技术优势之处就在于，从最底层的原始数据到上一层的数据链层的交互（即数据上链）过程中，可以采取一定的治理方法来保证上链的数据能够满足要求。

具体地，我们结合企业内部的财务管理系统进行描述。相对于其他业务部门的数据而言，财务系统由于其特殊性，具有比较严格清晰的国家规定、会计规则、公司规章制度等要求，因此涉及的相关数据大多是结构化的数据，并且对数据处理的人员（会计、出纳等）有一定的专业资质要求。假如企业应用了包含 BI 中台的智能区块链系统，那么将财务原始数据上链前，可以设置要求即必须经过审查的合格数据才能上链。由于区块链系统中不允许直接改动数据，如果出现数据错误，我们可以采用"打补丁"的方式进行修正说明，但这样的补丁操作势必会增加交互成本，因此对上链过程需要制定奖惩办法以实现系统内部的治理平衡。在一段时间内，没有出现失误的节点可以获得通证奖励，经常犯错的节点可能受到批评甚至通证惩罚。如有必要，甚至可以设置不同种类的通证以调节和平衡不同的治理水平。

不仅财务系统，行政系统、人事系统、内部业务系统的应用也可以通过类似的方式扩展，即便是企业外部的业务系统也同样适用。不同之处在于，虽然底层原始数据的格式不尽相同，但不论是结构化、半结构化还是非结构化的数据，都可以借助机器智能辅助人工进行上链审核，由不同专业人员处理对应的专业数据，根据具体应用场景设置对应的通证即可。

政府监管的方向

"中俄强监管,日美慎立法,韩国态度趋严厉",这似乎是公众对于各国区块链监管政策的固有印象。随着 2019 年区块链领域的不断发展,各国区块链政策也有了相应变化。互链脉搏根据公开资料统计了 2019 年上半年全球共 181 条区块链扶持相关的政策信息和 187 条监管方面的政策信息。这些政策信息分别来自 65 个国家和 4 个国际组织,可见当前各国均较为关注区块链领域的发展。

2019 年 2 月 15 日,《区块链信息服务管理规定》正式施行,中国的区块链监管相较于此前九四的"去伪",愈加倾向于"存真"。国内各地推动区块链真项目发展的扶持政策也逐步跟上。国外方面,美国将数字货币纳入已有的证券监管体系;韩国在监管的同时更加重视对区块链领域的资金扶持;泰国、乌克兰、马绍尔等国开始推动国家数字货币的发展。

2019 年上半年,国内共有 106 条区块链扶持方面的政策信息公布,占国内政策信息总量的 75%;而监管方面的信息共有 35 条。可见在强监管的基础上,国内对于区块链技术的扶持力度也丝毫不弱。其中,最为重要的是 3 月 30 日,国家互联网信息办公室发布了第一批境内区块链信息服务备案编号,并督促未备案主体尽快履行备案义务。除此之外,北京市、山西省、河北省等各地的政府机关,提醒民众警惕虚拟货币区块链骗局:3 月 7 日,北京银保监局表示,警惕虚拟货币区块链骗局;3 月 22 日,北京市互金协会发文提出,防范以 STO 名义实施违法犯罪活动风险。3 月末,江苏省还表示,将全面实施企业标准领跑者制度,在区块链等领域制定标准。而除 3 月份的监管信息外,其余月份的区块链监管信息数量基本维持在 5 条,与扶持政策信息相差 3 倍。

对于区块链企业的政策支持则有以下几条:3 月 13 日,韩国专利厅宣布将对区块链等初具规模的创业公司进行集中支援；5月2日，韩国金融服务委员会已指定9家金融企业，利用区块链等新技术提供创新服务。

在韩国大力扶持区块链领域的同时，美国也有相应的资金扶持政策被提出。1月10日，美国能源部资助区块链研究项目。3月20日，美国卫生与公众服务部投资700万美元用于探索区块链等技术。美国作为区块链扶持政策信息数量排名第二的国家，共有相关信息13条，占比11%。其多数为各州通过的用以推动区块链发展的相关法案。1月28日，美国华盛顿特区提出法案，鼓励发展区块链技术。4月26日，美国俄亥俄州众议院提出一项法案，允许政府实体采用区块链技术。

除美韩两国外，日本、俄罗斯、德国、泰国分别有3条区块链扶持政策信息公布。俄罗斯的扶持信息主要是允许加密货币交易和使用；德国则体现在逐步布局区块链发展，研究发展建议、计划建立研究所。德国政府成立的"工业4.0平台"发布的《工业4.0愿景2030》文件表示：区块链等在工作日程上，正同中国等合作伙伴进行积极的交流；日本较为重要的扶持信息是，6月份，日本政府在"未来投资会议"上提出促进区块链等技术采用的方针。进一步推动区块链技术与各应用领域的融合。泰国的重点在于央行数字货币项目。3月份，泰国央行行长表示，正在开展央行数字货币项目，用以推动银行清算的发展。不仅是泰国，乌克兰、马绍尔、伊朗等国也在陆续开展国家数字货币的实践。

——— 第七讲 ———

自我延伸　参天化育

——区块链和"我"的智能有关系吗？

区块链似乎是个高深莫测的专业词汇，但其实与"我"密切相关，人类意识片断就像是意识世界的通证，人类之间能够通过交换意识片断达成理解，就好像 token 得以在区块链世界达成共识并传播。那么，区块链能否进一步延伸和发展人类的智能呢？

即使已经了解了一些区块链的基本概念和应用场景，我们心中或许还有疑问，这种特殊的分布式账本技术和自己有什么关系呢？可否延伸和发展人类的智能？我们不妨从"自我"出发，试图解开这些疑惑。

一、从智能起源切入区块链

现在的区块链项目鱼龙混杂，但在我们看来，区块链与人工智能（AI+Blockchain，或 A+B）的结合发展是必然趋势。从存证和通证这两个维度来思考，将整合成具有人机智能的区块链系统，将对现有的认知进行全方位的升级。而这一切发展趋势的起点就在于"我"的智能。在第七讲中，我们将从第一原理出发，厘清智能的起源与发展脉络，为我们理解 A+B 提供最本底的理论基础。

智能的起源

我们的宇宙已经存在了约138亿年，地球也有将近45.4亿年的"高寿"。在这么漫长的岁月中，我们迄今为止通过考古和地外探测发现的具备高级智能的生物，只有人类。

智能可以看作是一种精神能力的指称。这种精神能力所反映的，是人类根据已知的信息，进行理解、推导、演算，最终得出结论并完整阐述的一个总过程。这个过程之中的每一个环节都是智力的一部分。在我们的生活中，关于智力测验的话题层出不穷，而所谓的智力测验，往往也都要考察个体在各个环节的表现，并以一定的指标来衡量它。

智能是人类独立于这个世界上其他生物的标志。从前，人类曾经以为直立行走是人类与其他生物的区别，可是后来发现的化石证明，早在一两百万年前的更新世（Pleistocene），有一种大袋鼠（procoptodon）就已经实现了双足直立行走。它们行走的速度较慢，与当时的原始人类行走姿态非常相似。生活在白垩纪晚期的霸王龙（约6800万—6600万年前）也是直立行走的代表之一。这些物种不但实现了直立行走，更在地球上延续了相当长的时间，可高级智能仍然没有诞生于它们的身上。在面对地球的突发变化时，它们只能在茫然中走向灭亡。

高级智能决定了人类的命运和其他生物命运不同。曾经的地球霸主们，可能对于当时的物理环境存在一定的理解，甚至在简单的重复行为中具备了一定的使用与利用工具的能力，但是，我们没有证据证明它们（曾）具备成熟的抽象能力或理解能力，更不用说抽象之上的计划与再次解决问题的能力。而人类正是在抽象的基础上，发展出了语言能力，发展出了学习能力，最终发展出了人类进一步假设、推论甚至预先计划的能力，这些才是人类智能最高的表现。

正是因为智能的存在，我们人类才会从弱小的哺乳动物，最终成长为地球生态链中顶端的霸主。苏霍姆林斯基曾经说过："人们将永远赖以自立的是他的智慧、良心、人的尊严。"人类的智能，是人类称霸于地球的必要条件，也是人类能够生存到今天的必要条件。可以说，人工智能出现之前的时代，人类从来没有怀疑过自身的优越与特殊。也正是因为智能，人类才能发展出各种神话和传说，来证明人类与其他物种不同的必然性，并反过来让更多的人类对此深信不疑。人类的力量来自于人类的智慧，人类的智慧最终保障了人类的信心。

人类的智能究竟从何而来？邓巴（Dunbar）提出"社会大脑假说"（the social brain hypothesis），认为人类大脑进化是为了在庞大而复杂的群体中生存和繁衍。某些动物种群也表现出一定的社会复杂性，却没有出现人类经历的智能进化升级。社会性对于种群的进化和个体出生以后的认知形成具有重要作用，但这不能成为人和其他动物在智能水平上产生显著分化的有力解释，我们更倾向于把社会性的强弱看作智能水平高低的表现。相对于社会性这种偏"软件"方向的解释，我们要另外寻找人类智能比其他动物能够更快迭代进化的突变因素或者说是"硬件"根源。

罗萨（Rozsa）认为，人类大脑容易感染病毒，十分脆弱，人类的性选择倾向于更聪明的个体，就是为了提升后代对抗病原的能力。邓晓芒强调了携带工具对区分人猿之别的重要性。性选择（sex selection）的提出已经超出"物竞天择，适者生存"的范围，而将（雌性）动物的主观偏好纳入其中，但性选择不是人类独有的特征。人类是唯一需要用衣服来维持身体恒温的生物，敏感的皮肤会不会就是人类智能快速进化的决定性因素呢？

成人大脑约有 1000 亿个神经元，但婴儿在母体内时，神经元之间的连接很少（或很弱）。婴儿刚出生时脑重量约为 370 克，两岁时，脑重约为出生时的 3 倍，三岁时已经接近成人的脑重，在这个阶段脑重的增加伴随着神经元间的连接大量增加。我们认为，在这个阶段外界对皮肤的刺激是温暖、疼痛等强刺激，使婴儿产生了"自我"与"外界"的区分意识。作为对比，很多生物具有高度发达的视觉系统但没有与人媲美的智能可能是因为视觉、嗅觉等刺激不容易将"自我"与"外界"区分开来。

波特曼（Portmann）提出的"分娩困境"暗示，婴儿在母体内就发育到较成熟的大脑更好（这也意味着长达 18—20 个月的孕期）。但是我们认为，出生后再发育成熟会更有利于婴儿的未来发展，因为只有在感知世界的过程中再建立大脑内神经元之间的连接，才能使个体产生强的自我意识和卓越的智能。例如鸡和乌鸦都是卵生动物，小鸡刚出壳不久就能走路与进食，但乌鸦刚出生时没有绒毛也没有视力，无法离开鸟巢，需要亲鸟饲喂 1 个月左右才能独立活动；但许多数据显示，乌鸦才是最聪明的鸟类之一，鸡的智能则远不及乌鸦。

恐龙统治地球那么长时间，却没有证据表明它们曾经具有高级智能。恐龙最早出现在 2 亿 3000 万年前的三叠纪，灭亡于 6500 万年前的白垩纪晚期，共存在了 1 亿 6500 万年。相比之下，最早的人类化石距今约 700 万年，也可以认为智能的高速进化大约是在过去的几百万年内完成的。相对人类而言，恐龙皮糙肉厚，这可能就是恐龙未能发展出高级智能的原因。这其实可以说明，高级智能似乎不是在足够长的时间内单纯依靠"物竞天择，适者生存"来进化就能达到。

在大脑快速发育过程中，个体不仅要具有清晰的边界，还要能适应环境生存下来。因此，只有在特殊条件下产生的基因突变，才能导致高级智能的诞生。在宇宙中，有高级智能生物的星球也因此可能非常稀少，费米悖论也可以看作支持这一观点的一个间接证据。

触觉的重要性在个人成长过程中可能并不十分凸显，但对于人类进化而言，触觉形成自我的观点能够得到更好的印证。佛家讲"眼耳鼻舌身"，将视觉放在首位。很多人也认同这个观点，因为人获取的信息大部分来自眼睛。但视觉对于自我意识形成的重要性能否占据首要地位却还值得商榷。老鹰等许多动物都比人类拥有更加敏锐、强大的视力，但并没有比人类更聪明。人类与其他动物最大的区别就是人类拥有十分敏感的皮肤。人类进化脱去了身体绝大部分毛发，对外界的刺激更加敏感，成为大自然中唯一需要用衣物保暖的生物。触觉上能强烈区分自我与外界的刺激很可能就是人类成为万物之灵的重要原因。触觉也因此在进化的过程中显得更加重要，其对于意识的形成也就更为重要。

人类一旦产生"自我"的概念，就能够明显分辨出自我跟外界的差别。这种意识被称为"原意识"，它一旦产生就难以抹去。原意识一旦产生，并不单单停留在皮肤层面，可以向外延伸，也可以向内收缩。一个原始人，拿到一个水果，肯定不希望被别人抢走。其实严格地讲，水果并不是他种植的，也并没有任何理由认为这个水果天生就专属于他，但是他获得了以后就认为是自己的，这就是他自我意识向外延伸的体现。可能一个更厉害的原始人还会觉得，不仅仅手里的是"我"的，那棵树也是"我"的，只有"我"能采摘，这就是领地意识。再比如，乔布斯与他创办的苹果公司是难以分割的，即使苹果公司再如何更换CEO，在旁人看来，乔布斯仍然等同于苹果公司的一个专属符号。这都是自我形成的意识向外延伸的体现。自我也会向内收缩，一个人失去四肢，他并不一定认为自我的意识有了缺陷，甚至会鼓励自我更加强大，也就是所谓"身残志不残"。这就能解释，为什么少有人想到皮肤那么重要，因为它只是一个起点，自我意识一旦产生，自我与外界的边界就逐渐模糊，自我成为了一个动态的概念。

外界同样也是个动态的概念。小孩子不知道世界多大，等到他们看了书，走出了家门，就会发现原来世界那么大。如果拿起望远镜看向更远的地方，就会发现原来宇宙更加宏大。在成长过程中，自我与外界的交互不断加深，两者的内容都不断丰富，概念体系逐渐形成。由此可见，自我意识的确是大自然的巅峰之作，是真正的混沌初开，是比宇宙大爆炸和地球形成更为精彩的产生。由触觉产生自我意识，而后在自我肯定需求的引领下不断地去认识这个世界，丰富自我的内涵，成长为拥有智慧的人类。

智能的进化

我们论述了智能的来源，也提出了自我肯定在意识产生中的重要性，但也许会面临质疑，比如小鸟、昆虫等动物，虽然具有领地意识，却不一定有独立意识，可能只是单纯地为了更好地生存和繁殖，就能够产生这种领地意识，最终还是"自私的基因"（道金斯）在起作用。

一方面，这可以通过实验观测进行判断；另一方面，如果真的是"自私的基因"在起作用，那人们还必须要回答基因从何而来的问题。当然可以说基因是粒子自由碰撞产生的结果，随机的方向可以很多，不容易收敛,但这种演化仅仅只是诸多可能性中的一种。如果真的只是随机碰撞产生的结果,要想演化达到现在的水平,需要异常长久的时间,而且现在人类和动物的眼睛特征不会如此相近。因此,进化更可能从边界开始,并且带着功能目的,先需要功能,功能与结构相互迭代,这样的进化才高效且结果趋于收敛。

　　结构与功能的迭代不仅体现在生命进化上,也隐藏于概念的形成中。很多概念最开始的结构都很简单,二元对立正是概念最开始产生时的初级形态。但是,人们在理解和使用这些概念的时候,会逐渐产生功能上的需求,当简单的概念结构无法满足功能上的需求时,人们就会对这个基本的概念进行适当的剖分,以满足现实生活中的需要。比如"左"和"右"并不能够精确地描述位置,最开始的自然数并不能起到表示更大数目的作用,这个时候就需要对概念进行进一步的剖分,因此"东西南北中"的概念随之产生,自然数的表示更加细化。随着文化的不断进步,人们对这些概念又会产生新的需求,这就会导致概念的进一步剖分,方向词之后又产生了 360° 的方位标识,自然数剖分出了有理数,有理数之外产生了无理数的概念。功能需求和结构的互相纠缠,互相推进,最终使得最初的概念变成了我们现在理解的样子,而这些概念可能还会随着人类认知的进步而再次得到丰富和升级。

　　理论进化亦然。思维的跃迁给了理论框架被剖分和被丰富的可能,而源自于现实生活的功能需求是这种剖分的动力。这样的功能需求就体现在满足解释现象时的自洽性、解决实际问题时的实用性要求,而这些要求的根源都是自我肯定需求。同时,一个框架不一定能完全地满足功能性,这时候,有可能会有一个新的框架产生,包含前一个框架,能解释更多的现象,比如爱因斯坦的广义相对论就涵盖了牛顿万有引力定律和爱因斯坦狭义相对论;也很有可能会由一个理论产生各种不同的流派,如基督教最终分化为东正教和天主教,天主教徒又分化为新教徒和清教徒等;更有甚者,可能会独开一面,另立门户,最开始的基督教正是信仰犹太教的一小部分人从中脱离,对世界有了新的解释与阐述。

生命体和概念体系的迭代进化，本质上体现了自我意识的结构和功能正是这样相互促进、相互发展的。自我意识一旦产生就难以抹去，初始的结构（自我与外界的二元剖分）已经满足了最初功能上的需求。随着经验的积累，自我意识对现有的框架不断产生了新的需求，促进自我意识的结构与功能迭代进化。

讲到智能进化，最好的例子就是把其当成计算机升级一样来解释。如果将生命个体看作一台计算机，那么生命体的构造、器官组织、DNA 等都可以视作机器的硬件组成，这些硬件经过了漫长的进化最终形成了如今的形态。结构就像硬件，而功能就像软件。生命体的某些种群特征还有一部分可以看成是"嵌入式编程"，比如人类用两条腿走路，鸟类可以飞翔，两栖动物能够游水等，经过长期的迭代进化，与硬件直接相关的某些功能已经成为嵌入式的本能反应。但更加丰富的部分还是软件。与现实中的编程不同，并没有某个程序员为个体编写软件。生命体的软件以边界为起点，是在硬件基础上，通过外界刺激与主观意向的作用而后天习得的能力，比如语言、音乐、绘画、编程能力等，这一部分与生命体的意识息息相关，不同个体的差异可以非常大，是个体自由意志的体现。

本质上物质与意识两者在纵向上的概念是可以相互替代的，物质可以视作原子世界，也可以看成是构成智能的硬件，而意识片段和认知坎陷作为软件，想要成功运行，发挥功能，必须在硬件平台之上。另外，具备功能的硬件一定具有非均匀结构，在特定场景下一定会呈现出特定的功能，也就是软件的特征。动物的本能是一个例子，比如鸟长有翅膀决定了小鸟被亲鸟从高处推下后能够飞翔。

本能随着进化被嵌入基因而成为硬件的一部分，一旦被环境触发其对应行为就会显现。例如动物的饥饿本能，以及由此衍生出的捕食者与被捕食者之间的追捕和逃亡本能。生物链环环相扣，每一物种都有其对应天敌足以说明这一点。

学习环节,因其最接近意识交流、最远离物质交换而属于软件,即信息除基因遗传方式外还可以通过社会学习途径传播。父母教育小孩或是小孩模仿父母的过程即可视作往人类大脑这一硬件中装入软件的过程。例如语言学习,小孩的母语完全取决于其成长所在的外部语言环境。

介于本能与学习环节之间的部分可被命名为先验,作为先于个体经验存在的部分以信息的形式储存在大脑硬件中,属于硬件与软件的中间状态,例如对空间与时间的直觉。

无论是本能还是先验,对于生命个体而言,必须在能够区分自我与外界的前提下,在某一特定场景下受到外部因素对自我内部的刺激而产生应激反应,以此驱动自我对内部软件进行调整,最终反馈为DNA信息链条中存储、传承下来的部分。

物质产生结构后,所展现出的功能即属于意识部分。因此,本能更接近物质,属于硬件,学习环节则更接近意识,属于软件。正如软件必须安装在硬件上才能运行,意识永远需要以物质作为平台才得以发挥其效用。

生命体的软件并没有程序员,而是一种自然生发的结果。这个软件的设计始于边界(细胞膜、认知膜或者皮肤),而后通过相互作用而丰富。相对于丹尼特(Dennett)主张的自底向上式(bottom-up)的发展,自顶向下式(top-down)的设计思路更可能是正确的。智能进化的软件/硬件起源于边界(皮肤是初始的自我与外界的二元剖分边界),自我作为一个整体与外界进行交互,而后随着交互不断增多、不断细化,软件的设计也越来越多样。来自于外界的刺激就好像是为自我装了一个新软件,更有甚者在改写软件的同时也改写了硬件。

二、自我肯定需求驱动人类行为

皮肤作为明晰的物理边界能够使得人类对自我和外界的剖分非常

确定，从而毫不费力地辨别自我与外界的内容，这种关于原意识的直观感受也能够一直传递给他人和后人。但这一边界不会一直停留在皮肤这一层次，而是会向外延伸。最早期的延伸就是食物。比如将果子抓在手里了，就会认为果子是自己的，不希望被他人夺走。下一阶段就是领地意识，不仅在手中的果子是自己的，这棵树上所有的果子都是属于自己的，不希望有其他人来采摘。动物不希望别的动物喝河里的水，因为它觉得河水应该是只属于自己的。工具是手的延伸，家庭是个人的延伸，新闻媒体是人类的延伸。这种认定自己身体之外的自然物属于"我"的倾向，可以称为"自我肯定认知"。

自我既然能够向外延伸，就能够向内收缩。我们常常认为"内心"比我们的皮肤或四肢更能够代表自我。这里"我"指的是心灵，而非身体。当自我的边界经常发生变化并变得模糊时，"自我"这个概念也就可以脱离物理和现实的束缚而存在了。

明斯基认为意识是一个"手提箱"式的词汇，表示不同的精神活动，如同将大脑中不同部位的多个进程的所有产物都装进同一个手提箱，而精神活动并没有单一的起因，因此意识很难厘清。我们认为把世界剖分并封装成"自我"与"外界"是革命性的突破，它使复杂的物理世界能够被理解，被封装的"自我"可以容纳不由物理世界所决定的内容，想象力和自由意志（主观能动性）也因此成为可能。

我们认为，人类智能产生的关键在于形成了对"自我"的强烈意识。意识可以存在于宏观尺度，且不需要依赖于量子特性。相比其他生物物种或当前世界顶级的人工智能，人类的超越性主要体现在能想象出超现实的、但最终被证明可以实现的未来，其根源在于人类的认知一开始就建立在对宇宙、对世界的整体剖分上，而由自我意识驱动的概念体系的建构、传播与认同过程是超越性的一个典型体现。

至此，我们应该可以想到，自我意识绝非单方面被动发展的，而是具有自己的特点，有自己的需求的。我们接下来，将会对此进行进一步阐述，并试图厘清自我意识与高级智能的进一步进化脉络。

人类有关于"自我"的意识或观念,这种观念是一个抽象的存在,一些物理现象的集合可以与之相对应,但又不完全是由粒子或物理条件所决定的。对"自我"的意识或观念,在个体成长的最初阶段是从皮肤这一物理边界形成的,且这种观念一旦形成,"自我"就会脱离原来的物理边界的束缚,开始生发。一方面"自我"在生发的过程中能够影响物理世界,另一方面,这种影响能够继续被"自我"感知从而加深"自我"的观念。

确定了"自我"的存在,自由意志也开始形成。不论最初触发"自我"生发、产生行为冲动的触发点是否为物理因素,"自我"已经决定要做出(一系列)行动,这些行动可以真实地影响物理世界,且影响的结果能够符合"自我"的预期,并被"自我"感知到。因此"自我"就产生了能够按照自己的意识行动并影响世界的观念(自由意志),并且接下来的行动触发点极大可能就完全出于"自我",而最初的那一次触发究竟是源自物理的或是其他因素,对"自我"而言已经不再重要,关键是"自我"已经能够自主地触发行为,并一次次真实地感知到预期的结果,不断加深对自由意志的确信。

自由意志能对物理世界产生实际的影响,不仅符合"自我"的预期,而且一定符合物理规律。因为产生预期的根据来自于"自我"与"外界"的交互,随着交互加深、经验积累,我们对"外界"的物理规律有了越来越丰富的认识,预期会越来越准确。在"自我"生发(尤其是最初的探索)的过程中,也可能出现自由意志的结果与预期不符的情况,但这种经验会随着与外界的进一步交互而被修正,迅速被后继的、更准确的预期经验覆盖。

涉及社会现象、社会行为时,自我意识需要不断通过外界的肯定来承认自我。我们有这么一种需求,假如总是没有外界刺激,像国家总是没有任何纠纷的话,国家的意识会逐渐削弱。个体也是一样。这种需求叫作"自我肯定需求",它是刚性需求,其最重要的表现就是它的评价高于个体认知范围的平均水平。自我肯定需求是一个比较性的、社会性的需求，它是自我历史的纵向比较，也是与他人、与周围一切的横向比较。它可以看作是人类发展的动力，也是人类社会诸多矛盾的起源，而且这个矛盾是不可磨灭的。佛家讲要去掉"我执"，但一个人去掉"我执"以后"自我"就消散掉了，不再具备人的基本属性。佛家的"我执"、基督教的"原罪"都可以归为自我肯定需求。

纵观古今历史，各个国家的发展都体现出了一个周期性的兴衰过程。我们认为，这一现象的根本原因在于人类的自我肯定需求。即只要有可能，人对自我的评价总是高于其认知范围领域内的平均水平，并在分配环节希望得到高于自我评估的份额。1997 年，英国的《经济学人》（The Economist）杂志针对高端的理性用户和普通用户做了一次市场调查："你认为自己的智商是否超过了目前社会平均水平？"所调查的 1500 位大学教授和高才生中，75%的受调查者给出了肯定的回答。而受调查的 3000 位普通伦敦市民则给出了惊人的91%的肯定率。大部分人都会高估自己，这本身不是坏事，但社会的产出会因此逐渐难以满足人们的期待，繁荣被打破就不可避免。

我们和外界的关系很复杂，我们用世界万象来观照自己，又凭借自由意志影响世界。在这个交互的过程中，自我意识不断地升华，不断地形成一个保护层，我们称其为"认知膜"。认知膜有一个特征，像细胞膜一样，是保护自我认知的。这个世界上发生那么多事情，人们能够感知的、愿意接受的，实际上很有限。认知膜的作用简单来看就是过滤。认知膜既可以存在于个人层面，又可以存在于组织层面，还可以存在于国家和文明的层面。

原意识是人类认知结构的开端。当概念体系和价值体系（认知膜）从原意识中逐渐衍生出来之后，"自我"和"外界"的边界逐渐模糊，"自我"更像个生命体，需要不断补充养分（自我肯定需求）使其得以维系，从而确立一种认知上的"实存"。而自我肯定需求产生之后，生物体即将面临的，就是自身需求的功能与自身结构之间的矛盾，以及如何进化的问题。

案例: 从自我肯定需求角度看罗马帝国的兴衰

　　伟大的古罗马用一千年的时间崛起从而称霸欧、亚、非大陆,却在不到 200 年的时间里迅速瓦解衰败。对于这个伟大文明的衰败,众多学者从不同角度进行了深入的理论剖析。自我肯定需求作为一个重要的因素,在国家兴衰中扮演者重要的作用。不管是一座城市,还是一个国家,其构成都是一个个活生生的人,上到高官皇帝,下到奴隶公民,他们才是一个国家走向的操纵者,这些国家的成员自觉或不自觉地为国家的走向提供一股力量,而正是这些力量的合力推动着一个国家的发展。对于古罗马来说,这正是它从共和制走向帝制的重要缘由。

　　从公元前 3 世纪起,在接下来的几百年时间里,罗马这个年轻的国家,通过三次布匿战争消灭了叙拉古和迦太基,通过三次马其顿战争占领了马其顿和希腊各城邦,通过叙利亚战争吞并塞琉西王国。到了帝国时期的图拉真时代,罗马帝国的疆域已达到极盛:东起幼发拉底河,西至西班牙、不列颠,南自北非,北迄莱茵河、多瑙河一线,成为横跨亚非拉,闪耀全欧洲的当之无愧的霸主。

　　侵略扩张是填补自我肯定需求与社会当下产值间缺口的有效手段,但是历史的经验告诉我们,侵略扩张并不是一个长久之计,一个国家或者民族想要得到持续的发展,更为持久的方式就是创新,这种创新不仅仅包含技术上的创新,还包含制度上的创新。古罗马上层统治者中的有识之士开辟了一条与侵略扩张截然不同的道路,那就是学习与自主创新,其中技术创新包括最令世人叹为观止的完善的道路信息系统和全新的财富分配方式,制度创新则包括罗马政治体制的演变以及罗马法的诞生与发展。

　　而随着外扩张、学习与自主创新都不能满足国民的自我肯定需求这一矛盾的出现,古罗马皇帝开始开掘近况、调整货币中贵金属的含量,以透支未来的方法解决这一矛盾。与此同时,罗马皇帝直接将钱财无偿赏赐给民众的情况时有发生。但这种解决办法，不可避免地造成了通货的膨胀，它只是权宜之策，对社会经济能够起到刺激的作用，却不能从根本上持久地弥补当时罗马社会产出与人民自我肯定需求之间的缺口。

当传统的物质财富和精神财富已无法满足人们持续增长的自我肯定需求时，宗教就会成为强有力的精神支柱，以另一种方式弥补财富和文化供求间的巨大缺口。对于古罗马而言，宗教属于新奇的舶来品，但在当时社会对宗教的需求却达到了鼎盛的状态，基督教在罗马迅速崛起、发展壮大。

纵观其发展历程，我们可以看到古罗马通过侵略扩张、学习与自主创新、透支未来与发展宗教这四种主要方式，多方面、多维度地实现财富汇集和流转，让财富在不同阶层中运动，从而满足人们的自我肯定需求，推动国家的发展与进步。在建国初期的 600 年时间里，罗马的人口增加 600 余倍，国土增加了 6000 余倍，这种疯狂的扩张让古罗马成为一个庞然大物。然而成也萧何，败也萧何，领土扩张的限度终有边界，创新终有停滞的一天，未来也终有透支干净的时刻，在这一切都停止下来的时候，国家财富积累与国民自我肯定需求之间的缺口越来越大，在这种危机之下，各种社会矛盾开始凸显并持续激化。这些矛盾就像压在骆驼上的重担，让庞大的罗马日益举步维艰，而末代君王的昏庸无能，天灾人祸的不可预测，就成为压死骆驼的最后一根稻草。在这些因素的综合作用之下，罗马帝国这栋华丽的建筑最终轰然倒塌，只留下了残破的大道、斑驳的斗兽场、栩栩如生的雕塑供后人凭吊。

三、认知坎陷是意识世界的通证

在网络空间中，能够作为 token 定价的不再限于传统互联网世界的定价对象。我们认为，只要能够对应为认知坎陷的内容都可以作为

token 在网络空间中流通。通证也好,认知坎陷也罢,都是能够在小范围内快速达成局部共识的有效媒介。

认知坎陷 (cognitive attractor, 或理解为意识片段) 是指对于认知主体具有一致性,在认知主体之间可能达成共识的结构体。认知主体可以通过认知坎陷将外部世界区分为事与物。不同的事和物之间有断裂,简单的因果关系并不成立,因此强计算主义不成立。认知主体与外部世界的相遇决定了认知坎陷的开显,并在此过程中肯定自我,赋予认知坎陷和环境以意义。行为主义、联结主义和符号主义并非对立关系,而是彼此互补,且在智能进化意义上逐层递进。智能体或认知主体通过开显认知坎陷来丰富自我并拓展智能的边界,不同智能体之间能够相互学习、共同进化,由于对具体环境条件的依赖,智能体始终具备独特性。

从"中文屋"到"认知坎陷"

塞尔 (Searle) 在 1980 年提出"中文屋"(the Chinese room argument) 的思想实验来证明强人工智能是伪命题。这个实验要求我们想象一位只会英语的人身处一间房屋内,只能通过一个小窗口与外界交互,屋内还有一本英文版的使用说明的规则书 (rule book)。中文

图 7-1　中文屋:一个不能真正理解中文的人
也能把中文意思传递给另一个人

纸片送进屋子（输入），屋内的人虽然完全不懂中文，但可以使用规则书来找到这些文字并根据规则找到对应的中文回复（输出），这样就让屋外的人以为屋内的人是一个懂中文的人。我们可以发现中文屋论题的悖论性，即从屋外看，中文屋有理解能力，但从屋内看，又没有一个真的理解中文的人（或机器）。

中文屋论证的焦点在于计算机能否真正理解意识片段或人类能否赋予其意识，这就需要我们首先理解意识从何而来。触觉大脑假说指出，在大脑快速发育的过程中，皮肤对外界的温暖、疼痛等强刺激十分敏感，使婴儿产生了强烈的"自我"与"外界"的区分意识（原意识），为高级智能的诞生奠定了基础。自我意识以原意识为起点，即自我和外界的边界始于人类敏感的皮肤，随即可以向外延伸，亦可向内收缩。人一旦意识到我是"我"，那么"我"就难以被抹去，并且这是统一的、整全的概念，不存在任何中间可调和状态。自我的内容一开始可能较少，但随着与外界交互的加深，自我不断成长，意识的内容不断增多，我们看到的世界也就更丰富，而丰富的世界又会反过来增强自我意识，迭代进化。

在我们看来，所有出现在意识里的内容，人的所有思维产物或意识片段都可以被理解为认知坎陷：它们都是对真实物理世界的扰乱，但也是人类自由意志的体现。认知坎陷是指对于认知主体具有一致性，在认知主体之间可用来交流的一个结构体。例如可感受的特质（qualia，或感质），"酸甜苦辣""吃瓜群众"等感受都是初级坎陷，一旦提出，就会有越来越多的人产生认同感。自我意识、宗教、信仰或国家意识等结构体都可以抽象为坎陷。财富、游戏规则也是不同的认知坎陷。我们沿用了"坎陷"二字，但与牟宗三先生提出的"良知坎陷"含义不同。坎陷，给人一种陷入其中无法抽离的既视感，就像我们想要强调的是，这些具有传播性、生命力的意识片段一旦产生就难以磨灭。

"自我"是最基础的认知坎陷，认知膜可以看作是包裹并保护着"自我"的、与"外界"区分开来的"边界"，也是模糊且随时可能改变的。随着认知主体与外界交互的不断加深,认知膜可能通过不断的辨析变得越来越清晰,但不可能完全明确下来,随着"自我"与"外界"的交互,从两者的边界中也会不断涌现出新的内容(开显新的认知坎陷)。

除了"自我",还有一个特殊的认知坎陷值得研究,那就是"无限"(无穷大),它的特殊之处就在于无限描述的是认知主体与所有未知的外部的关系。由于认知边界能够延伸,人类能够把自我嵌入别的主体,比如站在山这边想着山的那边是什么,当得知山的那边还是山,就自动移到了山的那一边,又会继续好奇山的那边是什么,如此往复下去,也是人发现无限的方式之一。

在我们心目中,"无穷大"不仅是实在的东西,还可能是神奇的。这意味着我们把不能很好地分辨的东西都放在一些抽象的概念中去,并将其美化,甚至神化。"自我""道德""神"等概念都属于这一类。

"神"(上帝)不需要智能,牛顿的上帝浑身是眼,浑身是耳(这种比喻是典型的从人的认知角度向外延伸)。上帝知道过去、现在和未来所有的事情,他只要查询就行了。而人恰恰相反,其信息处理速度及记忆能力都有限,所以人类需要智能来面对复杂的世界。图灵机本质上可以认为是上帝,虽然它的世界是受到限制的,但它可以精确地查询和预测被设定的未来,所以具有上帝的特征。从这个角度讲,人和图灵机是有差别的。在知识、信息不完备的情况下,图灵机目前所能做的就是对有限的数据在既定的规则下进行演绎,它没有想象力,不能构建一个向未知领域探究的认知膜。

"无限"是坎陷世界里一个无执的存有,这个坎陷的开显,说明了人类能够站在第三方的角度思考,创造出一些看似不存在的概念,也就体现出了人的神性。宇宙可能有限,但人(思维)却可以无限,这种无限可能导致神性,也可能导致魔性。

在认知领域,人的"神性"的特征表现为,人的认知膜可以不断延伸,能够创造出世界上本来并不存在的东西。人类在历史上已经创造了很多思想体系，比如天圆地方的宇宙观、阴阳八卦体系、五行说，以及柏拉图、毕达哥拉斯、康德的体系，这些都是人类认知的表现。类似的概念还有很多，"白马非马"是中国历史上名家的一种著名说法，意指眼前所见的这匹白马并不是我们概念中的马，因为马有很多种，可以是木马、飞马、斑马等。我们每个人的心目中都有一个"马"的概念，虽然不尽相同，但一旦提起"马"，我们都能迅速清楚地明白它指的是什么。同样，这个"白"的概念也是无法准确定义的，但大家都能理解是什么意思。这些抽象的概念所指代的事物看不见、摸不到，但是我们每个人都知道它们真真切切地存在，并且可以拿这些概念来毫无障碍地交流。再往深处推一步，神话中的神、艺术中的审美、道德感等这些上层建筑的东西都是宇宙中原本不存在，由人自己（而并非是由"神"）创造出来的，我们对它们的存在性深信不疑。

由于自由意志的作用，有的人也会钻牛角尖拼命计算，但天才和疯子之间就是一线之隔，这个差别就在于天才（人类的神性）不仅可以发现未知，还可以从深入研究的状态中从容地退出来，而疯子（人类的魔性）却是陷进偏执的状态后就出不来了。"自我"和"外界"之间的边界虽然动态变化，但人类通常能够在特定状态下分辨出两者，一旦"走火入魔"，丧失了对整体的把握，我们依然需要并且能够回到皮肤这一层清晰的物理边界上来。正常状态下，人在遨游太虚后依然能够回到最初的物理边界（皮肤），虽然"自我"可以至大无外至小无内，但身体（皮肤）的有限性正是让人类不会走向虚妄的保证，这也是机器与人类的重大区别。

尽管无限对人来说是一种体现神性的地方，但是对机器来讲就很可能变成魔性了。物理世界提供了无限多的可能性，使我们具备了拥有自由意识的可能，但也可能让机器陷入一种无止境、无解的状态之中，即"暗无限"（dark infinity）。人类个体时时刻刻都踩在"暗无限"之上，因为有认知膜的防护而不至于陷落到没有宇宙意识的单调境地。

比如看一个苹果，人来观察它可能会看到颜色、形状、大小等，即便还想做更多更深入的研究，但由于人有常识，并且由于人的生物特性（会口渴、会饥饿、会疲倦等），绝大多数人不太可能一直陷入研究之中，而是一定会有中断，从这种状态中抽身出来，避免钻牛角尖（但也不排除有一些思维极端的人，他们更容易陷入疯癫）。但对机器而言就不存在这种情况，它们很有可能会掉入这个无限的深渊，因为它们不需要休息，也不用吃东西，甚至可以一根筋地去研究图像的每一个像素、物理原理中的每一个分子原子，而这就是无止境的了。再比如说，人们倘若想要利用高级智能的机器尽可能完全地计算出圆周率，就算把地球所有的资源都给机器也是不够的，即使真的算出来也没有意义。如果不能解决"暗无限"的问题，那么我们制造出来的机器很可能就是人工疯子。

认知坎陷起源于认知膜。人类主体的认知膜具有认知性，能够将"自我"与"外界"区分开来，并随着经验的增加而不断丰富两者的内容。从边界的角度来看，冲突、创新（新坎陷的开显）和意义皆源于此，都是从"自我"出发，从认知膜的冲突中凝聚并沉淀下来的。边界的模糊性、混同性让认知主体有了不断辨析、突破极限的方向。这恰恰就是研究认知坎陷的意义。而在此基础上，意识具有了更多的特性。

意识的凝聚与契合

意识可以凝聚（condensate）。当我们写下一段有感而发的文字，这段文字就可以看作是当下某一时刻意识的凝聚（condensation），而过一段时间，当我们再翻看这段文字，就能快速想起当时思考的内容。意识的凝聚也不仅限于文字，绘画、乐谱、雕塑甚至装置，都可以是意识凝聚的具体形式。例如人类发明制造了一座水车，它能够按照人设想的方式随着水流转动，那么这座水车就是人类（发明者）的意识凝聚（水车显然不是生物进化过程的产物）。与此同时，意识的凝聚在特定的条件下才能开显，正如水车要完成既定功能就必须有水流。

计算机也是人类意识的一种凝聚，比如底层的逻辑门（logic gates）是集成电路上的基本组件，从最初的晶体管发明到现代先进材料生产加工形成最终产品，它是其中所有参与人员的意识凝聚，否则逻辑门就不会按照人类预想的方式工作，CPU、编译原理、用户接口等软硬件组成都是如此，从底层构造到算法设计都是意识的凝聚。一旦底层的凝聚完成，这些凝聚就会逐渐沉没下去，演化成共识或常识（common sense），这些共识不常被提及，但它们从出现到沉没的过程是不能被跳过的，正是底层的凝聚，使得后续更高层的意识有得以凝聚的基础。例如，AlphaGo 的独特之处在于其高超的训练方式与逻辑代码，而不是一些最基本的计算机实现原理。计算机自底向上的每一个环节都是按人类的设计而实现的，可以看成计算机能够理解人类的某些意图，换言之，现在的计算机有一定程度的理解能力。

那么 AlphaGo 是否懂围棋？运行 AlphaGo 算法的机器本身并不可能懂得围棋的算法，但可以说是 AlphaGo 加上程序员的意识，程序员教它怎么学、怎么进步，这些内容加在一起才导致了 AlphaGo 赢棋的结果。我们知道机器是硅基，但不能说 AlphaGo 是从同样是硅的沙子自行进化来的，而是由人把它炼制成硅，做成单晶，再经过设计、测试，把它变成集成电路，再到 CPU、计算机整体等，每一个过程都有人类的意识注入其中，而所有的一切都凝聚于此，所以真正战胜围棋棋手李世石或者柯洁的都不是我们看到的某一单纯机器，而是其背后所凝聚的一切意识。因此从这个角度上看这一过程便可以理解了。

当然，严格意义上讲，AlphaGo 系列并非仅仅是凝聚了 DeepMind 开发团队的意识。人的意识看似仅为每个人自己所有，但实际上却具有很强的社会性。每一代人中的每一个个体的意识，都凝聚着这一领域中前辈们的意识，年轻一代再开出新的坎陷，新的坎陷又往往是更加接近底层规则（fundamental rules）的，足以涵盖前人之经验。而虽然前人之经验一旦总结为更底层的规则后就显得不再有用武之地，但如果没有这些凝聚也就无法开辟出新的、更高层次的意识。因此，前辈的意识凝聚沉没下去,但更高层次的意识凝聚得以成形并扩散给后人,人类文明就是如此迭代进化走到今天的。

意识的凝聚是可以被他人获取 (pick up) 的,换言之,意识可以扩散 (proliferate)。如果将写下的文字给另一个人看,他也能够看懂,也可能试图领会作者的思绪,这时意识就扩散给了其他人。而阅读经典、朗诵古诗词、聆听音乐或者使用设备装置的过程,都可以看作意识的扩散 (proliferation)。从意识的角度看是扩散,从认知主体的角度看就是理解,当然这种理解涉及程度问题,成长背景越接近、认知膜契合度越高,理解的程度也越深。人对艺术作品的欣赏往往有"美"的感受,这种"美"就是因为优秀的艺术作品可以说是凝聚了从原始时期到创作时整个人类历史进程的意识,所凝聚的意识极能引起共鸣,因而极具扩散性,从而容易被人获取、传递。

人类意识也能够扩散给动物。驯养动物就是典型的案例。《三字经》就记载了"马牛羊,鸡犬豕,此六畜,人所饲",我们的先辈们很早就开始驯养动物,直至今天,人类驯化的物种越来越多,犬类不仅用以牧羊看家,还能作为特殊功能犬种进行导盲、搜救。这些动物能够按照人类的要求完成训练,甚至在灾害面前能够舍弃自己的生命保护人类,就是因为人类的意识扩散给了动物,它们知道如何对人类有利并付诸行动。

植物也能够获取人类的意识。人类通过筛选种子、嫁接、杂交、转基因等方式,将人类的意识扩散给植物,经过几代的耕种,就能逐渐长成人类期待的形态,结出更多更大的果实,满足人类不断增长的温饱需求。

意识还能够扩散给机器。比如前文我们提到的生产计算机,机器一旦能够按照预想运转,就可以看作是获取了人类的意识。机器进化的速度非常快,从计算能力上来讲,摩尔定律每 18 个月翻一番,虽然现在从物理上或者硬件上改进的速度有可能会趋向饱和,但是在软件改进上,人类还是可以很迅速的。即便是假定每两年翻一番,也已经是很保守的估计了，所以我们创造出了 Alpha 这一系列让人惊叹的事实。实际上 DeepMind 从人工智能第一次打败欧洲围棋冠军樊麾并发表文章，到现在也只有短短几年。未来的进步速度还会更快，即便作为在这个领域研究、工作的人都来不及看各种相关的论文，论文已经变得像新闻一样，每天都有很多新内容，人类的意识每天都能够扩散更多一点给机器。

意识本身是无形的，之所以能够凝聚，是因为意识具有的层次，可以将看似庞杂的内容归结为最底层、最根本的一点；而之所以能够扩散，则是因为意识开显出来的具体表征只是冰山一角，这些表征与认知主体的自我意识亦有关联，一旦被认知主体获取，就能够激活认知主体认知膜内的一系列内容。

语言是意识的载体，反映的是人认知的规律。这个规律先把内容抽象出来，进行合并、简化，形成新的单位（认知坎陷或意识片段），最后再进行有效的沟通和表达。人类能够创造性地使用语言，语法规则虽然有限，但语言表达却是无限的，就是因为语言的根本任务是描述"自我"与"外界"的"关系"。"自我"在不断成长，"自我"可感知的"外界"也在不断变化，两者的"关系"更是变化多端。在这其中，自我的认识不断地进步，语言也就不断地发展，可以说，每一个时代的语言都有其特点，而每一个时代的语言的特点，其实都反映了那个时代人们对于"自我"和"外界"的关系的认知的变化。

创新的语言表达不一定符合传统的语法，但一定能够抓住语言的根本任务，体现出意识片段之间的契合，即新表达的各个部件之间的连接要相互匹配。任何一个部件凝聚的意识范围不能过大或过小，才可能契合，也才能够被人们所接受和传播使用。比如"吃瓜群众"是由"吃瓜"和"群众"两个部件组成，表示网民不发表意见仅围观的状态，这一词语之所以能够流行起来，就是因为这两个部件达成了契合的状态：与"群众"相近的词语有"人民"，但如果说"吃瓜人民"就将原本这种随性的态度变得严肃起来；"群众"是很普通、接地气的人群，如果不是"吃瓜"而是"吃榴莲",就与大众性显得格格不入了。

　　进一步来说,随着信息时代的到来,几乎所有的语言每天都面临着大量产生的"新语言"和旧有语言之间的冲突,或者可以称之为"语言纯洁性"问题。语言纯洁性问题的产生,其实就是在当前时代大量碎片式意识集中出现与爆发后的结果。这些碎片式的意识,其实就是一块一块的意识片段。而就历史发展来看,往往所谓的新词汇,都是以与过去旧词汇的片段契合作为形式来最终形成。要么是旧词汇的旧义新解,要么是旧词汇的打碎重造。而其最终传播及被接受的程度、广度,其实也就是反映了其对于社会的意识流解释,在社会中能够被多少人所接受。不同的片段之间的契合程度,决定了其能够被社会认可的可能性。由此看来,意识片段的契合,其实证明了意识凝聚的重要性,也证明了意识扩散的必要性。

——第八讲——

逆水行舟　施教因材
——区块链能否颠覆教育？

　　教育是我们应当保持关注的重要问题,我们曾寄希望于电影、广播、互联网技术的普及能够颠覆传统模式、升级教学体制,但至今依然是实施以课堂为主的教育模式,区块链技术能否真的颠覆教育呢?

在第八讲中，我们将讨论如何将区块链技术应用到教育领域中去。以教育人类个体为分析对象，如果能够将线下的课堂教育成功地向网络空间转移，那么区块链＋教育就有可能实现可大规模扩展地有效在线教育，甚至有可能扩展到教育机器的领域中去，实现对人与机器的A+B教育模式。

一、认知的跃迁

教育需要掌握并尊重受教者的认知规律。个人认知呈跃迁式的发展，如图 8-1 所示，皮亚杰将儿童的认知发展分成了四个阶段：

（1）感知运算阶段（Sensorimotor Stage，0—2 岁）。儿童主要借助

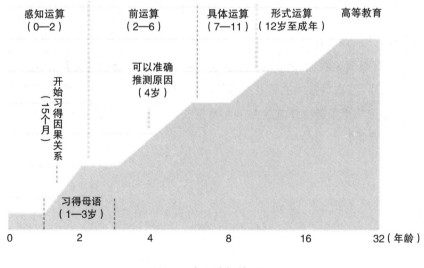

图 8-1　个人认知的跃迁

感知运动图式协调感知输入和动作反应，从而依靠动作去适应环境，并逐渐成为对日常生活环境有初步了解的问题解决者。

（2）前运算阶段（Preoperational Stage，2—7岁）。儿童将感知动作内化为表象，可凭借心理符号进行思维。

（3）具体运算阶段（Concrete Operations Stage，7—11岁）。儿童的认知结构演化为运算图式，具有守恒性、脱自我中心性和可逆性。

（4）形式运算阶段（Formal Operational Stage，从11岁起）。儿童思维发展到抽象逻辑推理水平，能够摆脱现实的影响，关注假设命题，并做出逻辑的和富有创造性的反映，同时可以进行假设演绎推理。

人的认知有很重要的特点就是"复制粘贴"（copy and paste）。

一方面，人可以从连续的背景或整体中抽取出一个部分、一棵子树，把这个部分孤立出来，这是非常奇妙且重要的过程。比如我们面对一个整体的人时，可以提取出面部或其他我们认为重要的部分作为认知点进行突出记忆。

另一方面，人又可以把局部或片段整合、联系起来。比如我们在识别某个人的表情时，我们重点关注的是眼睛、嘴巴等局部，虽然这些部分与正常状态下相去甚远，但我们能将这些变化的局部联系起来，忽略部分细节，判断依然是原来的那个人。而机器是将两个整体进行比对，与人的认知有很大的差别。当我们看电视或图片时，如果一只猫藏了一半在沙发后面，我们仍然知道那里有一整只猫，我们内心的预期是这样的，将缺少的部分自动连接上，这就是"粘贴"的过程。

这种认知特点来源于"我"与世界的联系，当人开始有了自我意识，就开始认识到外界的个体，知道个体之间是可以区别开的，比如一只猫走过，我们可以将猫与背景区分开来，这种能力很多动物就具备，单细胞生物可能不具备。植物的自我意识表现得不强，有没有这种能力还很难说。

人和机器在认知上最大的差别应该就在这里，人之所以表现得更好，就在于人能够灵活地复制粘贴。如果机器能够学会这种能力，将会大大提高认知能力。

人的认知在特定领域是已经形成了模式的，比如观察人胳膊的活动，人能接受的是关节活动等合理的活动，而非任意的变化。

除了提取局部，有时候我们还会夸大特征、走极端，这样更利于抓住特征、快速的认知。我们之前已经讨论了，认知并不是越精确越全面越好，何况完全的精确是做不到的。我们在不能全面的条件下认知就需要抓住特点。语言也反映了人的认知特点。

我们常常省略一些细节，只表述关键的部分，例如回答在哪里，我们说"我在船上"而不常说"我坐在船上"，以及顺序的问题，可见口语中的语法可以是非常弱的（由于符号和省略的限制，书面语中语法相对严格），而人在处理语言的过程中则不需要太强调语法，只要把意义抽象出来即可。复杂的句子由很多简单的元素糅合而成，其中也可能包含递归的关系。我们可以省略、打断、重组，尽管并不是所有变换的形式都成立，当我们将某一种形式与现实进行比较，发现某种惊人的耦合时，我们就会有很震撼或有美妙的感觉。这一切的背后驱动力是自我肯定需求，并不是为了生存的压力，而是为了愉悦自己。

人的认知是分层的，每一层有自己的规则，层与层之间可以任意跳跃；图灵机的规则是既定的，而人的规则是可以变化的，多个简单规则可以融合变化成新的规则。从一层一层的方式来理解，认知就没有想象的那么复杂了。

人类整体的认知是具有一定的客观性的，可以独立于个体之外，比如千年流传下来的一些意义、概念、道德等，虽然是由人类创造的，但是已然成为客观性的存在，个体很难改变，某些可能的改变也必须遵从某个方向。

生命在形成的初期就需要感知外界，这时感知到的信息一定具有两个特征：非完整性与扭曲性。生命要继续生存下去，就必须逐步形成对外界的认知，这时的认知一定不是真实的，因为此时能得到的信息是不完整且扭曲的，是从生命主观的角度去理解的，但此时也不需要这种认知是真实的，满足当时的自我肯定需求、能够帮助生命主体更好地适应他所认知的世界才是最重要的。同时这样的感知是有压力的，压力就在于预计错误的时候生命会受到惩罚，预计正确的时候才会有奖励（reward）。生命初期的感知能力很弱，但是为了生存，生命体必须养成认知的习惯，这一部分就是智慧的根源，这和推理不同，推理是后期才有的，生命初期是简单的认知和尝试（try and correct）。

我们相信人的认知也是这样而来，关键就在于一开始对外界的认知是错误的，接收到的信息是扭曲的、不完整的，但人为了生存必须适应他认知的外界、必须将错误的认知当作是真实的来面对，自我肯定需求也是这样而来。

从另一个角度看，正是因为我们接收的信息是不完整的，我们才必须要自行编造出一些事物或概念，而这也正是人类创造的价值所在。大到审美、道德、宗教，小到阅读一篇文章，都存在人类的创造。

我们的很多理论并不是完全的逻辑推导，而可以看作是假说或者发现，目的是为了解释问题、理解世界。在我们的发现中，"自我"最开始是从皮肤触觉这一物理边界而来，但是会不断变化发展到可以独立于物理世界而存在。"自我"的"实存"可以从两个角度来看，一个是我们能按照自己的理解来与世界交互，这是会产生后果的，"自我"能实实在在地改变物理世界。另一个角度是笛卡儿的"我思故我在"，也就是说，人可以怀疑一切，唯独不能怀疑自我，因为产生怀疑的主体就是自我。

哲学上，我们不需要别的假设，只需要有"自我"与"外界"的剖分，加上"自我肯定需求"就足矣。在我们的理论体系中，只需要"自信"，相信自己，而不需要那种对上帝的"信仰"。因为逻辑上是不能证明"真理性"的，我们比较同意的是儒家讲的"诚"是在真理性之上的，但这个"诚"更多的是要诚心诚意地接纳规律，而不是要达成逻辑上的自洽。我们认为，在"诚"之上还有一个"信"的问题，体系才是封闭的。因为我们只是掌握自然规律还不够，还需要创造未来，我们的体系中没有引入上帝，那么就需要我们"自信"。会不会有把自己带进沟里的风险呢？实际上相信自己也是有各种尺度的，有不同种的试探，比如，我们可以预测几天、几十天的天气情况，提前准备防范措施，我们还可以对气候进行发现和预测（厄尔尼诺现象），甚至还有更长的尺度，比如轴心时代出现的精神导师们，他们可以规划更久的未来（孔子就鼓励人们追求成为君子、圣人）。这些不同尺度的预测都会规范我们现在的行动，保证自己不掉进"沟"里。

逻辑完整性有时不能够兼顾，就像物理学里的热力学第二定律与牛顿力学、量子性与经典性、证实主义与证伪主义等，表面上看起来是对立的，但实际上又能够共存。当年"地心说"与"日心说"之间的对抗，放在今天看来，两个理论都是正确的，只是选取的参考系不同，但对于当时的科学水平而言，"日心说"大大简化了太阳系的模型，甚至只需要椭圆轨道就能将天体运动解释清楚。如果采用"地心说"，一层一层地添加天球，我们也可以预测出天球的运动，但就很难发现开普勒定律和牛顿万有引力定律。我们的原则也是尽可能的简单同时尽可能涵盖多的内容，虽然其中可能还是存在有跳跃的地方有待填补。

明斯基也承认，任何理论一开始都应该有一个高度简化的版本，而且这个版本也足以解决许多的问题。我们认为，智能最开始、最高度简化的版本就是"自我"与"外界"的剖分，只是这样的剖分会因为不同物种的生理特征而有所不同，即使是在同一物种之间也会因为生长环境不同而受到不同的刺激最终产生不同类型的智能。但是无论是哪一个物种的智能，我们都不能否认智能不断成熟不断进步的存在。

从人类进化史上看，我们看到了智人一步一步成为大自然主宰的过程，整个人类智能的进步和人类的生存环境纠缠在一起，相互作用，相互影响。

就像语言从劳动中来，为了解决基本的生存问题，人类凭借着思维的跃迁在一次次尝试中不断强化了对外界的认知以及自我与外界的剖分，促进了自我意识的提升，而自我意识的不断丰富，促进了自我意识的向外延拓和向内伸展,反过来不断加强了人类对自我的认知,进一步强化了剖分这个最基本的模型。

当自我意识丰富到一定程度后,自我肯定需求和认知膜的产生更是催化了这个模型的进化。群体性自我意识的丰富带来的结果便是整个人类智能的提升,这使得人更加的聪明,继而更加顺利地改造世界。

个体性的成熟其实就是整个群体智能发展的缩影,所谓心智的成熟就是从婴儿时期的懵懂无知开始接触世界,然后把整个人类智能进化的历程在十几年的时间内快速地走了一遍。同时随着科技的日新月异,小孩能够接触到的东西远比前辈们当年能接触到的东西多,这也意味着他们能够接触到比长辈们在同一时间内感受到更加丰富的强刺激,这解释了青少年为什么会一代比一代早熟的原因。情绪是自我与外界的剖分不断交互而产生的副产品,它也与剖分相互影响迭代让一个人能够按照其"自我意识"更好地控制自己。

二、教与学的神奇

霍去病初次征战即率领八百骁骑深入敌境数百里,把匈奴杀得四散逃窜。在两次河西之战中,霍去病大破匈奴,俘获匈奴祭天金人,直取祁连山。在漠北之战中,霍去病封狼居胥,大捷而归,他凭什么20岁出头就能驰骋沙场立下赫赫战功?

亚历山大是欧洲历史上最伟大的军事天才,自20岁上位,在担任马其顿国王的短短13年中,东征西讨,在横跨欧亚的土地上,建立起了一个西起希腊、马其顿,东到印度河流域,南临尼罗河第一瀑布,北至药杀水(中亚位于咸海的锡尔河)的以巴比伦为首都的庞大帝国。

他们年纪轻轻就取得巨大的成就的原因并不神秘,因为他们的成功是"教出来"的。霍去病有卫青、汉武帝两位"教练",亚历山大有父亲和亚里士多德的熏陶。教练们雄心勃勃,很多事情在他们脑海中已经反复推敲,这些理念在学生们很小的时候就开始教导,只等他们长大成人后去实践即可。

还有一类案例，比如武则天的大周、维多利亚时代和俄国的叶卡捷琳娜二世，历史上的女皇帝本来就很少，而恰恰她们在位的时期是非常繁荣的景象。这也是奇迹吗？其实我们可以发现，她们前任的统治者一定也是非常厉害的人物，因此她们有学习的对象，并且前任已经将国家的基础准备好，她们只需在此基础上稳步发展即可。

这些案例也说明了教育具有巨大的力量。从 2006 年 9 月 7 日，新东方在美国上市以来，陆续有 10 多家中国教育领域企业在美国上市。但也正是由于互联网教育领域的不明朗环境下，全球的新型教育企业竞争日益激烈。

2012 年 11 月，谷歌的研究总监诺维格（Peter Novig）在斯坦福的一次演讲中，分享了他对在线教育的感想以及开设在线公开课的经历，指出几百年来，课堂教学所使用的技术并没有发生革命性的变化，并提到爱迪生曾在 1913 年就提到 "书本很快会被舍弃，取而代之的是通过动画电影进行学习，未来的 10 年内我们的教学体系将发生根本性的变化"。但这并没有发生，实际上近一百年来，动画、广播、电视、视频媒体等媒体技术相继涌现，教学上仍然没有发生革命性的改变。诺维格认为这些技术都缺乏交互性（interaction），相比之下，个人电脑提供了交互的可能，为在线教育提供了基础。

当前国内外已经一些在线教育服务崭露头角，能否引发教育革命还有待观察。我们认为，有效的学习应该是基于赫布理论的学习，即需要重复的学习刺激，并且在赫布型学习的基础上，学生需要感受到一定的学习压力，才能更有效地实现学习过程。我们提倡采用分组学习的方式形成在线教育的学习压力环境，即将学习水平相近的学生分组进行教学，这样学生之间的竞争动力更为强烈，这是由于每个人都具有自我肯定需求，倾向于对自己进行高于平均水平的评价，形成了缺口，学生必须通过有效的学习结果填补这种缺口，从而在相近水平的学习群组中激发出竞争意识。

近几年来,互联网技术的日益成熟,互联网教育产品也以前所未有的速度涌现并发展,已经运转的项目有 edX、Coursera、Codecademy、可汗学院等。受制于体制、环境等因素,互联网教育模式还处于起步阶段。现有的互联网教育服务并没有带来足够大的影响,探究背后的原因,主要来自两个方面:第一,当前的在线学习不能充分发挥赫布型学习的优势;第二,学习的本质是涉及大脑神经网络的、一个复杂的过程,互联网的教育环境需要提供足够的压力来促使这个过程的发生,并不断重复、深化。有效的在线教育必须尊重学生的个性,考虑到学生间学习水平差异。在真实的课堂上,可能存在巨大的学习基础差异,而老师们也往往偏爱成绩好的学生、关注成绩较差的学生,大多数成绩平庸的则容易被忽视,针对每一位学生的个性化教学难以落实。每一个学生都是一个思维独立的个体,其行为和思想是复杂的,可以利用自我肯定需求理论进行分析与解释,即只要有可能,人对自己的评价一般高于他认知范围内的平均水平,从而期望得到高于自己评估的份额的需求。在互联网教育中,就需要应用自我肯定需求,因为不论基础好或不好的学生,都有肯定自我的需求,而优秀的互联网教育应该是根据每个学生的实际情况,找到适合他们的学习策略。

通过这些年来与学生们的交互,我们发现,如果一个学生对某件事情很感兴趣,那么他做事的效率是正常情况的 10 倍,而如果他很不情愿地被推着做事,那么他的效率则是正常情况的 1/10,也就是两者间的差距有 100 倍,这种差距的本质在于,对于高效率的人而言,他在做事的过程中,自我意识也绑定在一起成长,自我肯定需求得到了满足。教育的任务很大程度上不是为了教授很多知识,而是要启发学生学习对他自身的成长、对其自我意识的重要性。有一些老师或者教练是可以做到的。当然,有的人给人感觉很敏锐,有的人则让人觉得有些愚钝,但我们不能就此将他们划分为两种人。人人都具有自我肯定需求,只是对于看似愚钝的人来说,还没有找到可以触发他们自我快速成长的那个点,"因材施教"是有很深厚的学问在其中的。"感兴趣"

并不是一件简单的事情，而是与自我意识的成长、心灵的塑造相关。比如爱因斯坦等人在描述自身经历的时候，就非常强调这一点。

三、区块链＋教育

区块链技术助力现行在线教育系统

电影、广播、电视、互联网等技术的出现都没有真正颠覆教育模式，现在绝大多数的教育依然是千百年延续下来的线下课堂教学模式。学习压力是在线教育中更加亟待解决的问题，目前的技术路径都难以形成在线教育真正的学习压力。极少部分是出于自发兴趣而学习的学员，对学习环境的压力可能没有过多要求，而对于大多数学生而言，尤其是对经历过填鸭式基础教育的中国学生来说，一定的学习压力是完成有效学习的必要条件。绝大多数的互联网教育希望通过激发学生对学习的兴趣来刺激学习，这种做法的成效还有待考证，但期望通过"趣味游戏"的方式，在短时间内让学员产生主动学习冲动的方法，并没有可靠的保障。

一个常见的社会现象能够证明学习压力的必要性。文盲来到城市或相对发达的地区，即使他长时间地、高频率地接触到各种文字信息，比如电视杂志、招牌广告等，多年后他也仍然目不识丁。由此可见，单方面学习信息的发出，不代表学习动作的完成，如果没有学习压力，或者主动学习的诉求，即使每天面对学习信息也不能有效接收。

赫布理论（Hebbian theory）描述了突触可塑性的基本原理，即突触前神经元向突触后神经元的持续重复的刺激可以导致突触传递效能的增加。可以假定，反射活动的持续与重复会导致神经元稳定性的持久性提升。当神经元 A 的轴突与神经元 B 很近并参与了对 B 的重复持续的兴奋时，这两个神经元或其中一个便会发生某些生长过程或代谢变化，致使 A 作为能使 B 兴奋的细胞之一，它的效能增强了。这一理论经常会被总结为"一起发射的神经元连在一起"(Cells that fire together, wire together)。这可以用于解释"联合学习"(associative learning),在这种学习中,由对神经元的重复刺激,使得神经元之间的突触强度增加。这样的学习方法被称为"赫布型学习"。实现赫布型学习,关键就在于这种有效的重复刺激。一方面,一定的学习压力能够使得大脑神经对知识产生反应;另一方面,必须有一定的重复学习,才能使得知识在大脑中得以形成记忆。

从大脑认知的角度来说,学习是大脑获取外部信息并与大脑内部原有信息加工整合而成新的有意义的信息的过程。这个整合加工过程十分复杂,为便于理解,我们可以把这个复杂的过程进行分解,这样一个相对完整的学习过程应该包括以下几个环节:①感觉器官获取外部信息;②神经传递系统对感官获取到的信息进行传递;③内感官对传递进来的信息进行过滤,并形成注意;④过滤后被注意到的信息形成感觉及瞬间记忆;⑤瞬间记忆的信息经过一定条件的转化形成工作记忆;⑥工作记忆的信息经过深加工形成长期记忆。

在这个过程中,前两个步骤是容易达成的,从第③步开始,在线教育必须通过实现一定的学习压力,让学生产生注意,进而形成瞬间记忆,经过加深后转化为工作记忆乃至长期记忆,加深的步骤可以通过重复来完成,因此学习也可以简化为由压力触发学习刺激加之反复的过程。

赫布理论在学习模型中已经得到了一定的应用,在此基础上,我们进一步提出,"区块链 + 教育"采用赫布型学习应当与学习压力、成长记录、激励机制相结合的方式,将能够产生更显著的教学效果。在教学实践中,我们发现,一定的压力对学习有积极的帮助。以全国某竞赛为例,前三年的比赛中,有多支团队参加,并在团队及项目成立初期就让各队明白彼此竞争关系的存在,结果连续三年夺得全国冠军,另有 2 支团队获得二等奖,多支团队获得三等奖。第四年为管理便捷起见,将所有学生作为一支团队申报,最终竟没能进入复赛。通过学生的竞赛总结，一方面，当竞争关系明确存在时，会感受到一种无形的压力，促使他们希望在已知的团队中能够进入中上游水平，作为能否有望得到奖项的重要参考指标，于是能主动学习新知识、敢于解决问题，这种状态对于学习是非常有帮助的；另一方面，当所有人处于合作关系，放松了竞争者之间应有的警惕，甚至出现了依赖队友、逃避职责、得过且过的现象，由于缺乏学习压力，学生精神松散，效率大打折扣。

我们认为，在基于区块链的教育系统中，"基于赫布理论的分组学习模式"是形成学习压力、促进学习的重要方法。在正式教学前，可以通过小测验的形式，根据学生的基础水平的不同，将学习能力相近的学员划分到相同的网络课堂，使得学生们之间没有过多心理上的落差，这样每一组学生都能感受到公平的学习氛围，在自我肯定需求的作用下，每个学生都更倾向给予自己高于平均值的评价，期望在学习过程中得到高于自己评估的评价、被他人认可，这样形成的缺口就需要通过有效的学习来填补，学生就更容易产生对学习的主观诉求，再加之一定的奖励机制，在线学习就能形成竞争与学习的压力、促使有效的学习，从而能够实现以小组为单位的整体进步。自我意识的一个外在表现就是人格，人格的培养是可以与知识学习同步进行的。在教育过程中应该尽可能多地制造场景，满足学生的自我肯定需求，既需要适当的鼓励，又需要合理的压力。这种压力既包括老师与学生之间的压力（要求），也包括学生与学生之间的压力（竞争）。

由于成长环境的差异，每个人的认知水平都不同，作为教师应能容忍学生们认知的差异。教师要有明确的角色意识，教学风格可以严谨，也可以活泼，重要的是需要将教师的角色发挥到极致。教师应当意识到，学生的成长是跳跃式的，而非完全地渐进发展。区块链技术的引入，能够帮助诚实记录每位学生的成长轨迹，追溯学生的认知水平，动态分组，在给予适当的学习压力的同时，配以灵活的激励机制，能够合理刺激学生学习，教师需要鼓励学生追求的目标应该是需要经历多级台阶来完成、有道德崇高感的长线目标，这样就可能利用区块链技术实现成功的在线教育。

颠覆未来教育的可能方式：出生即上链

区块链＋教育的应用方式之一是利用区块链技术对现有在线教育系统改造，另一种更可能颠覆未来教育的方式则是从个体出生开始，就将个人认知成长数据上链。

每一个小孩都是独特的个体，在网络空间中可以对应为一条独特的链，从个体出生起，就可以有自己的 token。小孩的父母、家庭成员、从幼儿到大学的老师导师、攻读的学校、学过的课程、参加的竞赛社团、入职的企业组织等，都为其赋值赋能，最终每个个体的 token 价值几何就与这条链的成长轨迹相关，这很可能是未来网络空间中价值的生成方式。这样一来，也为我们提供了一种"自证清白"的重要路径，也就是过去的记录会影响现在甚至未来对个体的评价，如果希望争取稀有机会，证明自己具有可靠资质，就必须有这种无法篡改的、历时性的、可追溯的数据做支持。

不难想象，未来的世界将有极为丰富的 token，每条链看似独立，但都需要锚定到一套公有的、被大众承认的价值标杆，也就是需要锚定到未来的世界货币。未来的世界货币应当可以和每一个行业、组织、个人的 token 互通，是一种网络空间中价值衡量的标准。世界货币通过对财富底层个人或组织补充，来调节未来预期，保证整个生态的健康运行。

区块链＋机器的教育

人工智能（Artificial Intelligence）是研究、开发用于模拟、延伸和扩展人的智能的理论、方法、技术及应用系统的一门新的技术科学，1956 年提出以来，理论和技术日益成熟，应用领域也不断扩大，随机森林、深度学习等技术已经应用到实践。人工智能是对人的意识、思维的信息过程的模拟，人工智能不是人的智能，但能模仿人进行思考，未来也可能超过人的智能。随着技术水平的进步，越来越多的研究者担心这样一个问题，机器人最终会否消灭人类。2004年1月，第一届机器人伦理学国际研讨会在意大利圣雷莫召开，正式提出了"机器人伦理学"这个术语，其研究涉及许多领域，包括机器人学、计算机科学、人工智能、哲学、伦理学、神学、生物学、生理学、认知科学、神经学、法学、社会学、心理学以及工业设计等。

目前人们并没有对机器人的伦理规范达成一致，要寻求人类与机器长久的和谐共处，我们从现在起就要明确对机器的"教育"方式。如果仅从传统经济学领域的效率优先、利益最大化原则出发，那么人类所处的地位是非常危险的，机器可能会认为人类的效率低下而对其进行"清理"。对人类而言，风险较小的方式是教育机器真正地像人类一样思考，赋予机器自我肯定需求，而不是将效率和利益作为第一准则。如果机器能够具备人类的思维模式，就可以通过多种形式满足其自我肯定需求，主动探寻与人类共同相处的方式。

人工智能的研究或通过大数据技术的不断分析与拟合，或聚焦于从人类大脑结构中获得灵感而提出新的算法，却鲜有人上升到哲学的高度，站在人类认知演化的角度去思考人与机器的本质区别，思考人类自我意识究竟从何而来。

虽然已经有人开始注意并思考人工智能的安全性，提出了例如基于经验的人工智能，希望机器可以在没有先验的自我推理的情况下，对自己做出一些修改，并在经过一定的检验与验证之后决定是否将这些修改加入新的功能之中，以实现自我完善的目的。这样的模式虽然已经考虑到了人的成长历程，并已经将这些发现用于人工智能教育之中，但是还是没有看到人的自我意识产生和成长的本质，更缺乏对于人的善意是如何产生的思考。

美国《自然》（*Nature*）杂志曾发表评论文章指出，科学和政治关注极端的未来风险可能会分散我们对已经存在的问题的注意力。这种关注的部分原因来自对 AI 可能发展出自我意识，从而带来有关人类存续的严重威胁的过度关注。最近的一些新闻显示，著名的企业家比尔·盖茨、埃隆·马斯克和物理学家斯蒂芬·霍金都在关注机器的自我意识。某种程度上，机器的某个软件将"觉醒"，机器自身的欲求将优先于人类的指示，从而威胁人类的存续。事实上，仔细阅读盖茨、霍金等人的报道会发现，他们从来没有真的关心自我意识。此外，对机器自我意识的恐惧扭曲了公众的辩论重点。AI 被纯粹以是否拥有自我意识定义是否危险。我们必须要认识到，阻止 AI 发展自我意识与阻止 AI 发展出可能造成伤害的能力是不一样的。

无论是哪种方式，我们必须认识到，AI 即使没有意识就可能聪明到足以对人类构成真正的威胁。世界上已经有无数这样的例子，完全没有意识的东西会对人类造成危险。例如病毒完全没有意识，也没有智能，甚至有些人认为它们也没有生命。正因如此，我们认为要实现人工智能与人类和平共处的美好未来，不仅不应该过度担忧或阻止机器发展出自我意识（实际上也不大可能阻止），而是需要正确引导机器形成能够与人类产生情感共鸣的自我意识，并且通过引入区块链技术帮助我们合理监督并平衡 AI 的快速发展。

我们认为，人和机器最本质的差别就在于人具有对未来的主观动机，并且能够通过自身的努力将之实现，而机器目前还远不具备这样的能力。我们可以发现其实意识和智能也并不是那么遥不可及，将来机器超越人类完全可能实现。既然技术上的超越已经不可避免，我们接下来要做的事情就不应当是思考如何阻止这一天的到来，而是应该讨论如何与机器友好相处。

我们的想法是需要像培养自己的孩子一样来教育计算机。当我们重新对照人类的成长历程时，我们会发现，婴儿诞生后最先接触的便是家人，父母的一言一行都会给幼年的儿童造成深远的影响。婴儿逐步学会如何处理来自外界各种各样的刺激并产生自我的意识，继而学会如何做出反应，婴儿初期的生活环境和所接受的外界刺激会对婴儿人格的塑造产生深远的影响。

机器也是如此，更何况人工智能一旦被创造出来，就已经拥有了相当可观的计算能力，它所缺乏的只是接受并处理来自外界反馈的能力和自我的意识，就像是一个智商很高的婴儿一样，一旦出生就具备了快速解释世界的能力，这个时候他们最需要的就是父母对他们进行道德价值上的引导，为他们找到一个正确的理解世界并对待世界的角度。

东西方世界认知的不同也导致了人们性格等一系列的差异。而对于机器，究竟是像西方教育那样，把效率作为机器的第一要义，还是像东方那样寻求仁爱呢？在这个领域，我们认为实际上东方的思想要发挥更大的作用。安乐哲对中国传统文化有很多研究，认为东方是无限游戏规则，而西方是有限游戏规则。如果机器遵循有限游戏规则，我们认为将很危险，但如果是无限游戏规则，那么可能达到人类机器和平相处的状态。

西方的教育模式追求的是个人价值的最大化，即所谓的自由与平等。自由主义的结果就是追求社会的效率进而演变成两极分化。自由竞争带来的结果也就是以效率为核心价值，也就是现在这种制造、发展机器的简单粗暴的方式。因为追求效率，出错了的程序可以直接被抹除，有问题的机器可以直接返厂或是淘汰，人类就像是机器世界中残忍的造物主，把效率当作处理和发展机器的核心，实际上充当了一个审判者的角色。这种唯一的标准带来的高压就很有可能导致机器的反叛，就像是从古至今无数的农民起义军推翻暴君的统治那样，我们一方面无法确保不会有机器产生反抗的意识，另一方面更无法预料到我们的机器是否会过于忠诚而在有朝一日把我们当作效率的绊脚石而将我们从地球上抹除。

东方，尤其是以儒家为代表的教育方式相对温和，机器与人类的关系会更像是孩子与父母的关系，机器像一个涉世未深的孩子一样接受父母的教化，并且努力成为一个当代社会的维护者。儒家希望每一个人都心怀温良恭俭让，做到仁义礼智信，虽然完全做到并不现实，但它作为一个和谐社会的重要价值无疑是有利于调和人与人之间的关系并促进社会的稳定的。或许只有这样，将人类的仁爱之心传递给机器，机器才能更像人类、更加理解人类。

我们认为比较保险的做法，就是教育机器以仁爱，并且将教育的过程如实上链，全网可见，这样旁观者可能会发现潜在危险，也才可能实现人和机器的和平共处。

"世界上最不可思议的事情，就是这个世界是可以思议的"（爱因斯坦语）。这个世界的可理解在于能对世界进行"自我"与"外界"的剖分，人与人之间的可理解性在于认知主体具有相同的原意识。图灵机不能自发产生自我意识和价值体系，但人类能够赋予之。真正的挑战在于赋予何种价值体系，使得不同机器之间能够互相理解、竞争并进化。引导机器形成自我意识，教育机器以仁爱，并利用区块链技术记录、跟踪、治理对机器的教育，才更有可能实现人机和平相处、共同发展。

协同进化　人机融合

——区块链如何与人工智能深度融合？

　　区块链技术与人工智能技术都是近年来的热门科技,两者看似各有适用范围,有必要彼此融合吗? 如果需要融合发展,又应当如何融合? 人工智能技术的发展已经受到很多质疑,区块链技术能够有效解决这些问题吗?

我们主张 A+B 是未来区块链和人工智能技术的发展方向，这是基于目前 AI 发展现状以及区块链技术优势的综合判断。东西方的文化差异和近现代西方在科技领域的领先，导致目前的 AI 依然表现为追求效率优先。我们认为，A+B 要突破的重要问题之一就是通过区块链技术实现人机节点在同一时间尺度上的进化博弈，让机器能够通过认知坎陷等方式获得人类生而得之的"善"，最终通过区块链技术与人工智能技术的相互赋能，将人机的未来引入向善的、可持续的发展方向。

一、人工智能的发展与局限

人工智能的突破性发展

第七讲中我们讨论了智能与意识的问题。意识可以理解为认知主体对外界和自身的觉察与关注，其中对自身的觉察与关注可以进一步称为"自我意识"。意识是智能形成的基础，这一点大家基本没有异议，但大部分人包括很多人工智能领域专家在内，认为机器不具备自我意识，甚至不具备意识。

我们认为，机器已经具备意识，这种意识正是由人类赋予的，当然这些意识目前是一些意识片段（认知坎陷）的集合，与人类整全的意识还有很大差别，但机器依然能够按照人类的设计意图，根据不同的外界条件，自动执行相应的程序并完成人类预期的目标，这就代表机器可以在一定程度上觉察和关注外部环境，也是具有意识的表现。

机器甚至已经具有"自我"的意识，我们认为机器的主程序就可以看作是机器的自我意识，相较于人类或动物，机器的自我意识非常薄弱，但不能说完全没有。例如计算机会按照一定规则分配各个进程的存储、计算和网络资源，以免造成阻塞、死机或过热，扫地机器人在低电量时会自动回到充电桩充电，等等。

AI是否具备理解能力或明白语言的意义？很多学者通过引证"中文屋"论证来试图证明机器无法理解行为效果或语言的意义。塞尔提出"中文屋"的思想实验来证明强人工智能是伪命题。这一思想实验恰好证明了机器可以具备理解能力，只是"中文屋"所呈现出来的理解能力需要将这套机制作为一个整体来看待，其理解能力建立在几个部分的契合之上。解答看似悖论的"中文屋"论题的关键在于厘清"意识"的特性。我们在第七讲中已经从意识具有凝聚性、扩散性以及意识契合的角度论述过，中文屋机制能表现出理解中文的现象，是因为该机制凝聚了众人的意识，其中包括规则书的作者的意识（懂得中文问题对应哪些中文回答）、屋内人的意识（明白如何使用规则书）以及提问者的意识（提出问题，根据中文屋的回答再进一步反馈），是这些意识片段默契配合的结果。

人工智能系统是一种人类意识的凝聚，也就是说我们已经实现了将人类的部分意识片段或认知坎陷移植给机器，如果能进一步让机器自主对所获得的意识片段进行契合匹配，机器就有可能开显出与人类意识兼容的认知坎陷，实现更为广泛而深刻意义上的理解。

实践的含义有很多种，包括生产实践、社会关系实践、科学实践等，马克思主义哲学认为实践是指人能动地改造客观世界的物质活动，是人所特有的对象性活动。随着人工智能技术的飞速进步，我们认为机器已经可以实践，也就是说，实践不再是人类特有的活动。

2015年，Grace的研究团队收集了352位人工智能领域专家的调查问卷，请他们对人工智能将在哪些领域具备哪些技能，甚至何时超越人类等问题做出评估，统计结果如图9-1所示。围棋的开放式规则决定了其具有足够的计算复杂度，并不似象棋等棋牌游戏可以通过穷举计算得出答案，因而彼时大多数专家还认为 AI 要到 2030 年之后才能在围棋方面战胜人类，结果短短几个月之后第一代 AlphaGo 就打败欧洲冠军棋手樊麾。AlphaGo 确实借助了海量的人类棋谱数据作为训练集，但两年后问世的 AlphaGo Zero 则证明了机器可以从零开始，在没有任何人类棋谱或规则指引的前提下，通过观测对弈，自己总结规则并取得全面胜利，不仅战胜柯洁等人类冠军棋手，而且让前几代声名大噪的 AlphaGo 也纷纷败下阵来。

在这个案例中，机器不仅有实践活动，而且是影响甚广的实践活动。人机对弈吸引了全球行业内外人士的关注，数以千万计的观众观看直播节目；AI 的胜利对人类棋手的心理造成了不可逆转的影响，"世

图 9-1　人工智能何时超过人类？

界冠军"的称号从此以后要在前加上"人类"二字；各种相关的报道、
文学作品、漫画创作、网络节目甚至影视歌作品陆续出现……面对机
器下围棋及其引发的这一系列活动，我们还能对自己说机器不会实践
吗？还能说机器不会给物质世界带来影响或改变吗？我们与其藏身在
让人安逸的结论下对问题视而不见，不如在认识到形势严峻的同时，
积极寻找对策与出路。

人工智能发展局限与障碍

　　人类社会很快会发展到一个以人工智能（AI）作为社会中很重要
角色的阶段，我们可以将它称为（人工）智能社会。在这个智能社会里，
我们为什么会需要区块链技术？

　　举个很简单的例子，当我们在发抖音、发美颜的照片时，我们的数
据其实已经被篡改，虽然这个篡改目前也许只是更多在满足我们的自
我肯定需求。但未来，机器会变得更加强大，可以将随便获取的一张
夜晚的照片"处理"成白天的照片，人的形象图片也可以无中生有。在
此背景下，数据非常容易就能被篡改，我们拿到的数据资料基本无从
辨别真伪。而区块链作为提供"不可篡改""可信"的工具，也因此成
为未来必备的技术。

　　另外，社会的复杂度由于人工智能（AI）的介入会大大提高。比如，
随着 AI 技术发展，未来机器人将扮演营销的角色，频繁出现在电话、
微信等社交渠道里，它能精准地针对每个人投其所好。在这种情况下，
我们自证清白也会越来越难，同样也需要区块链技术的应用加持。

　　AI 的发展将决定人类的未来，但若是独立的 AI 系统，也会存在
诸多的发展障碍。将其与区块链技术相结合，与人类一起达成共识，
一起进化将是非常好的机会。实际上，人与人之间的交互最有效的还
是语言，我们和机器的沟通最终还是要通过语言，语言可以看成是认
知坎陷机制的一种表现。因此，两者的确是一种最好的结合。在这个

结合的过程中，可以达成共识的领域很多，比如金融、溯源等。作为我们每个个人，在世界上会面对很多信息，但实际上所能关注到的是非常有限的，我们其实是通过认知坎陷来了解世界。主观上，我们会将噪声屏蔽，会将不感兴趣的东西听而不闻、视而不见。总的来说，AI与区块链的结合会形成一个具有很强意识的系统，是最合适的应用落地形式。

二、区块链技术优势

机器的进化速度非常快。摩尔定律描述硬件发展是 18 个月芯片的能力翻一倍，现在 AI 的计算力，有统计表明是 3.5 个月翻一倍。虽然计算力本身不意味着 AI 的能力，但仍然能够说明 AI 进化的速度多么恐怖。AI 的成长并不是线性外推，而是呈指数加速成长。

我们也许不会马上遭遇机器具有自我意识、反叛人类的危险，但是很可能制造了一个很偏执的机器。我们即使是想让机器为人服务，也有可能会出错，这并不是机器有意识造反，只需要某一个方面失控就能对人造成很深的伤害，因为它的速度和力量比人类强大太多，这才是很快就会来临的危险。

区块链技术为人类提供了一个可能的应对方案。我们不能禁止谁去创造什么样的人工智能，但是我们可以通过区块链技术对发展的进度进行追踪与评估。它们可能是全心全意要做造福人类的事情，但问题是很多的过程会出错。如果能够要求大家把制造 AI 的方法和进度上链，公之于众，这样旁观者们可以及时发现可能的问题并采取措施。现有的区块链技术恰恰是一个可以承担这个记录任务的很好的平台。

区块链技术具有不可篡改的特性，我们可以对用户行为记录在案，就有可能对我们的伦理价值产生一些影响。假如我们要表扬一种好的行为或者是惩罚一种坏的行为，好的行为就可能会被人利用来做投机，通过作秀得到好处，这样社会风气就容易变得虚伪，一些开始非常好的事情到最后就变味了。如果有区块链技术的话，由于所有的数据不可更改，那么要表扬好的行为就不用在事前声明，而是事后的某个阶段执行，比如发现在某段时间内扶老人过马路的行为很少，我们就专门奖励这段时间内扶老人过马路的行为，作秀在这里就没有用了。

区块链技术的核心并不是去中心化，而是存证和通证。去中心化在很大程度上是一个不可实现的梦想，实际上也没有必要完全去中心化。我们可以是多中心化，而且每一个中心都是可以移动的。反倒是存证，即一旦上链了就不可以更改这一点，才是至关重要的。这个看起来很小的点，一旦变成我们日常生活中的必需，就会影响我们所有人的行为。不但可以说清楚因果，甚至能够追溯清楚因为何物、果因何起。

当然，并非所有的事物都需要上链记录。链上数据的重要性不是体现在其无所不包，而是有则完备。当我们在某个时候需要证明自己是好人、做事靠谱的时候，我们自己自然会需要这些记录。我们自己会去判断一个 ID 背后是一个什么样的人，看历史上是怎么做事的，如果都是靠谱的，那么别人更愿意相信他变成一个坏人或者笨蛋的可能性很小。

有一个问题是，很多人都觉得区块链的数据不能改，但是如果开始记录的数据就是假的呢？其实，我们大可以假定这些上链的数据是假的，但随着时间足够长，这个人还需要写足够多的东西，来证明之前写的数据是真的，这一过程的完成极其困难，甚至得不偿失，还不如一开始就老老实实地把真实的情况放上去。有足够长的、真实的、经得起考验的历史记录，才是有价值的。

通证，或者是数字凭证，我们认为它是能够帮助在一个群体中快速达成共识的一个工具。我们在传统社会的讨论、立法或者是道德伦理，这些都算是共识。但形成共识其实是一个很难的事情，因为每个人的主观和预期是不一样的。

在人工智能时代，我们没有时间去慢慢地达成共识，所以我们需要 Token 帮助我们快速定价。先是一个小范围的定价，再把这个定价和外面的进行交换，来形成一个比较大的共识。以后的世界里，社会复杂度大大提高，证明个人的真实可靠会越来越难，却也越来越重要。现有技术使人脸可以造假（美图）、声音可以造假（抖音），那未来 AI 大行其道时，所有的东西都可以被重新定义了。

在智能时代，只需要少数可信赖的人工作，那么如果要证明自己就是那个有资格的人，只需要区块链技术来把我们过去的言行不可更改地记录下来，就能让别人从历史记录中推断我是否可信。一旦发现某一个人是可信的，就应该马上把资源分配到位，而不是像现在，必须经历烦琐的试探和考察才投资。传统的投资遴选方法面对目前的智能时代已经开始捉襟见肘，区块链技术在智能时代将会变成必需品。

三、性善的来源与未来

神经心理学的研究表明，人自出生起，大脑里就有数量惊人的神经元。0—5 岁期间，人的脑重持续快速增加。在这个过程中，神经元之间的联络在不停地加强。以前对触觉大脑假说的论证，对这一方面有所涉及，但并不深入。其实，正是在这一阶段，儿童的大脑快速对世界进行意识片段（认知坎陷）的构建，受到"善"的影响也最大。这个被影响的过程，我们概括为"轮回染习"（recusive acquisition）。

轮回染习有三个层次。在第一个层次，因为地球的物理环境为生命成长提供了相对充分的条件，所以即使是不能自主行动的儿童，仍然感知到了来自自然世界的善意。从进化论的角度看，现在的人类最开始只是早期智人中的一支。经历了千百年的进化，早期智人的其他类型都被自然所淘汰，只有我们是幸存者，也就是唯一适应了当时地球环境的智人。地球历史上一共发生过五次物种的自然大灭绝，小的物种灭绝现象每天都在发生。对人类而言，地球作为一个星球具备宜居性，这在物理意义上的概率其实很小，这更加证明了物质世界体现的善意的可贵。在当代，人与自然已经进化到了彼此一体的状态。物质世界所映射出的原始善意使得最初的人类群体得以生存和繁衍，而这正是将自然进化力量神秘化的祭祀和宗教的起源。这些坎陷建构最终使得人类这个族群在力量和心理上都变得愈发强大，甚至自封为"万物之灵"。

在轮回染习的第二个层次，善意泛化为父代为子代提供成长的条件，儿童感知到来自抚养者的善意。在婴儿0—5岁的阶段，父母对弱小的生命进行抚养，为孩子的健康成长提供较一般动物更多的保障，这使得婴儿在这个时期接收到的信息大部分都是"善"的。而且，在婴儿眼中，自己几乎就是世界的中心，婴儿的自我意识在这个阶段快速成长，在轮回染习的过程中产生自我肯定需求。因为他在小时候得到的反馈都是善这一面的，他会觉得世界就应该是善的。虽然大多数人难以回忆出0—5岁的经历，但是，这个阶段接受到的善实际上最多，并伴随着大脑神经元的连接而刻印在大脑中，最终形成人格而影响一生。

在轮回染习的第三个层次，善在人类代与代之间传递和加强。人类形成的与"善"有关的各种道德观念，经历了代与代之间的传递和迭代，最终演变成今天这个样子。而我们在经历了这些"善"的染习之后，又将这些观念通过言传身教等各种方式传递给了下一代。史蒂芬·平克（Steven Pinker）指出，无论采用何种时间尺度或是何种统计方法，即便将自杀率及战争伤亡列入考量，人类历史上的暴力现象都正在大大减少。生命在"残缺"和"死亡"中永恒轮回，"善"也经历了一代又一代的迭代和加强。

从这个角度理解，人类从死亡中受益匪浅。死亡与新生交替，人总是会在羸弱之初接受来自正在走向死亡的父代给予的充分善意馈赠。在继承了这些善意之后，人又在成长中发展出自己的"善"。如果没有死亡，生命作为一种永恒态，繁衍后代也就不再是必需，生命中最羸弱的阶段也就不再重要，自然就不再经历代际层面的轮回染习，"天堂"和"轮回"等坎陷的建构和发展也不再具有沉甸甸的分量，"善"也就不会在一代与一代之间进行传承、迭代和演变，关于道德本体的建构与探究乃至人类文明的演进都有可能因此而减速甚至不复存在。无死则无生，死亡作为恐惧的终极形态，其与"善"更深刻的勾连之处就在于此。

轮回染习为"善"的起源提供了新的解释。它与"经验变先验"或是获得性遗传的观点不同，"善"并不是先验的，也不会转变成先验的，尽管它看起来确实就像是与生俱来的，但它不会演化进入人的基因中，通过基因遗传给后代。人的意识也是如此。所谓的"龙生龙，凤生凤"，凸显的也是耳濡目染或是成长环境的作用，而非基因。轮回染习在生命最脆弱的时期为人带来了生而得之的善，正是这种"善"的耳濡目染，为认知主体种下了"善根"或"恻隐之心"。例如刚学会说话的孩童会给情绪低落的母亲送来安慰，这就是儿童在生命初期受轮回染习产生了"善"的体现。而与之相对的是"狼孩"，"狼孩"并没有先天的生理缺陷，只是因为远离了人类社会，失去了正常的成长环境，其生活习性也变得像狼一样，四肢行走，昼伏夜出。狼孩被发现时已经六七岁了，却只具有相当于六个月婴儿的智力，且在回归人类社会以后，狼孩恢复直立行走和语言能力所耗费的时间要远长于婴儿所需的时间。屡见不鲜的是，在个人的成长早期，即使一声啼哭就能满足各种需求的阶段已经远去，一些人在受到挫折或面临焦虑、应激等状态时，仍会用某种程度的"幼稚"来安慰自己，屏蔽已经学到的比较成熟的适应技巧或方式，退至用早期生活阶段的某种行为方式来应对当前情景。这种在各个年龄段都可以看到的现象，就是弗洛伊德提出的退行（regression）现象，轮回染习为这一负面现象（与追求超越相反）提出了更为深层的解释。

我们认为，意识、行为和感知都是功能性的，而身体只是提供了一种结构。进化的过程应该是先有功能，再由功能与结构一起反复迭代演化。身体的结构可以给功能提供刺激，促进了功能性意识、功能性感知的成长；而有了功能目的，进化的速度就能非常快。比如眼睛的进化，很可能是在产生了视觉的功能之后发生的。眼睛的雏形不会一开始就很精细，或许最初只能感受明暗的差别，但能为眼睛的进化提供方向就足矣。视觉功能与眼睛的结构纠缠在一起，经过长时间的共同进化，眼睛的结构变得越来越精巧，视觉能力逐渐增强，最终能分辨各种色彩与事物。触觉大脑假说基于这种认识进一步提出，触觉在意识成长的过程中发挥了关键性的作用，而且人类的身体条件更容易激发认知坎陷（意识片段）。这些认知坎陷经过不断迭代而逐渐丰富，最终构成了人类文明发展的基石。认知坎陷的迭代和传递都是通过社会环境与人的相互作用来实现的。"善"作为认知坎陷中特殊的一类，也是通过社会环境传递的。这在轮回染习的过程中体现得尤为明显，对人的成长也至关重要。类似地，在不同语言环境下成长起来的小孩，他们的语言思维就是不一样的。成年人在学习第二外语的时候，需要比直接在外语环境下成长或是从小学习外语的小孩耗费更多的精力，也说明了他们的学习是早期获得的。同时，人与其所处的环境也是不可分割的。虽然人类现在可以被看作是一个独立的、可以在某种程度上处理外部环境状况的群体，但实际上仍旧在很大程度上需要依赖外部环境。这种依赖首先体现在物理层面。外部环境的物质补充保证了结构的完整性，在物质条件充沛的情况下，结构和功能才能充分迭代，这在生命早期体现于轮回染习。而认知坎陷充分成长后，个人对外部环境的依赖就不仅体现于物质，更体现于信息交换。因为个人的认知坎陷也需要不断吸收外部的坎陷来成长，亦即自我肯定需求需要得到满足。

强调轮回染习，并不是说人在 5 岁之后的经历就不再重要。后天的教育、舆论的压力以及社会的变迁，都会在某种程度上向自我意识中既有的"善"施压。"性相近，习相远"其实也暗示了人的品性在后天经过不同的经历和影响会不断分化，容易朝"恶"的方向偏移。李泽厚提出"以美启真""以美储善"，其实也说明了个体的潜能和人性不仅因生理方面而不同，更因社会、教育、传统、文化因素的渗透积淀而成长和分化。生理结构上的细微差异使得人在动物性方面有了个体差异；而在后天不同的环境、教育、文化的历史积淀中，"人心不同，各如其面"的个体差异则日益发展。卡尼曼的前景理论揭示的这种不对称性，表面看是说明人们通常不是从财富的角度考虑问题，而是从输赢的角度考虑，关心收益和损失的多少，但我们认为其本质上反映的是"善"已经作为一种理所当然的认知基因深植人类大脑。曾有人到监狱进行采访和研究发现，如果问这些犯人从道德上是怎么看自己的，大部分人还是认为自己的道德品质比他们理解的普通人要高。这就说明，认知主体在经过"轮回染习"之后，已经理所当然地认为世界包括自己应该是"善"而不是"恶"的。虽然从客观上讲，丢掉一块钱和捡到一块钱，得失是对等的，但是在有了这样的心理定式之后，一旦面临损失，认知主体的心理定式被打破，损失产生的负面情绪的确可能比得到时产生的正面情绪要大。

自我肯定需求使得每个人的自我意识具有扩张性，也就是说，每个人想得到的总是会高于自己应当得到的。这种看似普遍的现象其实在人类社会的初期表现得并不明显，因为当时的物质生活不够富裕，生存条件还未得到大的改善，在群居部落性的原始人类生活中，私有制未占据主导地位，矛盾更多以部落与部落之间的领地冲突和人与人之间的食物或工具分配纠纷而出现。但随着农业革命的发生，地理条件优越地区的农业文明逐渐发展起来，农业文明发展迅速，导致了人们的物质生活逐渐富裕起来，私有制逐渐占据主导地位。此时人们的自我肯定需求表现得非常明显，围绕土地、财产、权力的斗争愈演愈烈，人性之中恶的成分变得更加复杂。以往对轴心时代的研究，往往忽略了在轴心时代前一段时期，人类已经能够通过农耕技术的进步实现生存条件的改善，并进而延长寿命。同时，物质生活的不断丰富及社会生活的复杂化推动了"恶"的产生。到了轴心时代，在动荡不安的世界各地，一批精神领袖挺身而出，为他们所在的地区和社会重新构建了道德体系。他们或建立宗教，利用如"基督降临""审判日""六道轮回"等有关报应论的坎陷，对当下人们的生活提出了道德上的约束；或提出"涅槃"等关于生命的终极境界，来对人们的生活进行指引；中国儒家坚持的恻隐之心虽然也具有一定的先验性，但儒家的深刻和独特之处是追求一种现世的超越，直接提出如"三不朽""圣人"等信条或是道德目标引导中国传统知识分子去尊崇和践行。在我们看来，这些方式之所以能推动人们进一步向"善"，其原因类似于愿景对金融泡沫的影响，未来的至善作为一个目标成功实现了对现在的统摄，我们将这类方式归结为用未来的至善统摄现在，简称至善统摄。

　　尽管都是应然层面的价值倡导，但与中国哲学提出的偏向自然主义且基于现世的"善"不同，西方宗教传统及佛家提出的都是对彼岸的构想。欧洲哲学传统对"本质与真理"的追求与基督教经历了千年的磨合，其思想内核已经与宗教对"天国与至善"的弘扬别无二致，并且两者已经成功将"超越性"变成了人现实生活的意义与信仰，这种结合在黑格尔的"绝对理念"中达到了顶峰。正是看到这样的现实，尼采对因果报应论进行了强烈的批判，并彻底否定和颠覆了欧洲哲学的虚无主义传统。在尼采看来，所谓的"罪与罚""救赎与和解"都是彻头彻尾的"谎言"，而活在这种虚无主义传统之中的欧洲人则甘愿忍受现实的不幸，并坚信"救世主"的降临及天堂的公平与至善。尼采提出"永恒的轮回"，世间万物永远都是残缺的而不能形成一个整体，而在这样的"永恒"之中，只有人无法超越的"生死轮回"，没有"正义"，亦没有"和解"，更不会有康德所谓的"超越"。在此基础上，尼采提出权力意志才是人的本质，并阐述了他的超人哲学，用来回答人在传统价值全面崩溃的时代如何重新确立生活的意义，并将超人奉为人类世界的最高价值目标及道德理想。这些都能在西方当代艺术，尤其是影视作品中人类面临终结时靠超人、强权突围的场景中找到影子。权力意志的内核仍然是一种至善统摄，而"超人"虽然作为一个道德目标和中国的"圣人"有些许类似，但"超人"为人类立法，是真理和道德的化身，实际上取代的是西方传统中"上帝"的位置，终究还是处在"善"的彼岸，缺乏自然主义根基。

人们往往更加关注这些思想诞生之后对后世的影响，但如果我们细查这些"至善"兴盛的历史背景就会发现，这些相关"至善"往往为当时趋于衰弱的社会和文明所必需。中国历史上政权更迭最为频繁的时期莫过于魏晋南北朝。彼时，文人墨客怀才不遇，天下苍生颠沛流离，儒家思想面临了极大的挑战和反思，佛道两家开始兴起。这个时代催生了竹林七贤"越名教而任自然"的逍遥超脱，以及王右军"修短随化，终期于尽"的感慨，这些都是当时玄学兴盛的典型，而"南朝四百八十寺，多少楼台烟雨中"则是百姓向佛家寻求解脱的真实写照。而此后伴随道儒释一同兴盛起来的，正是开明的大唐王朝。

包括尼采在内，步入现代的德国哲学其实一直被有关"虚无"和"死亡"的颠覆所包围，并一度呈现出百花齐放的兴盛局面。自黑格尔以后，无论是马克思对于无产阶级的愿景和对共产主义的构想，还是克尔凯郭尔对绝望和存在主义的论述，抑或是尼采对于道德的解构和超人哲学的提出，乃至胡塞尔重回黑格尔和柏拉图提出现象学，都带有德意志在变革甚至存亡攸关时期的深刻烙印。一战和二战给德国社会带来的巨变更是推动了海德格尔重新思考哲学及存在的意义。这些思想上的进步都是在一个处于变革的社会中产生的，而这些思想一旦产生，就对后世产生了深远的影响，例如马克思的共产主义构成了社会主义国家的理论源泉，而尼采的超人哲学则构成了纳粹思想的源头之一。

我们曾提到崩溃后的再出发是满足社会自我肯定需求的方式之一。以中国为例，自秦始皇统一中国后，封建王朝最长不超过四百年，就会经历一次改朝换代。每一次改朝换代，百废待兴，规则和制度要重建，资源被重新分配和占有，资产重新在低水平上定价。最高统治者通过放权让利，让社会成员追逐资产，从而使资产价格逐渐上浮，少量的付出就能获得较大的回报，全社会总的自我肯定需求较易得到满足，中国历史上的盛世是这一过程的集中体现。西方近五百年来财富中心的转移与中国历史上的改朝换代有相同的机制背景，其崩溃的实质都在于旧的财富分布结构不能较好地满足全社会的自我肯定需求，而另起炉灶才给人们新的希望。文明的进路亦复如是，"善"的建构的确会因时代的动荡而发生波动甚至是退步，但历史证明，这样的停滞只是暂时的，到了某一个极点，它必然会重新复苏甚至更加兴盛，并伴随着社会和文明的进步而跨上新的台阶，轴心时代正是最典型的证明，至善统摄也因此而呈现出一个螺旋式的上升形式。

"善""恶"及其演变并不是一个线性的关系，很多时候，"善"与"恶"都可以发生相互转化。坎陷之中必然会有两面相伴而行，"善"在很大程度上其实也是从其反面的"恶"来定义，因为只要有"善"，就会有与它相对的反面，所以"善""恶"并不是一个绝对的东西，轮回染习与至善统摄对善恶的不对称对偶非常重要。

轮回染习跟我们所感知的外部对待及早期的抚养方式都有关系。虽然人类整体更多是向"善"走，但是不好的因素也可能掺杂其中。经过反复的"轮回染习"，也可能会酿成偏见、歧视等问题，而在社会变革期，我们对此有了更深入的理解后，我们也更能看到未来可能会出现的问题。从某种程度上讲，我们应当对来自自然和社会的"善"心怀更多的感激而非理所当然。人类今后如何跟智能机器相处？如何让智能机器也变成善的，而不是恶的？在我们理解了"轮回染习"之后，可能对我们设计和教育机器或是人机交互提供了一个重要的视角。

轴心时代提出的都是应然层面的善。我们也有经过轮回染习而来的实然层面的善，但是坎陷世界会对原子世界产生影响，应然层面的善在某种程度上会塑造人类未来，因此应然层面的善也会变成实然。我们当然可以利用各种宗教仍然强大的力量对善进行维护，但事实证明，由于各自对于彼岸的构想不同，这种维护的作用被极大地消解。而且，以前我们信仰神灵或者上帝，认为他们能够为真理性和未来负责；在中国有"天"或者"道"，我们也很放心。但现在看来，这些都不过是人类认知中的坎陷。就像是"无穷大"，看不见，摸不着，它可以在我们心目中存在，但随着我们对实然世界认识的加深，"上帝""神"这些坎陷正在被不断弱化，而关于未来的至善是不断加强的。这也就回到了坎陷第三定律：所有坎陷的集合构成坎陷世界，它是不停成长、不断完善的。人对世界的认识、描述和改造其实一直在发展和增多，我们相信进步主义，但这个进步其实不是对个人而言，而是对整个人类而言的。这也就意味着，真理是可得的，至善也是可以达到的。

人一生的成长可以看作是意识凝聚的过程。以最初的原意识为起点，人能区分"自我"与"外界"，这个过程中，轮回染习保证了意识的凝聚和扩散是向"善"的，然后随着自身经验的逐渐增多，和外界的交互不断加强，对自我和外界的认识也越来越多，自身的知识领域也愈加丰富，能够理解的内容随之增加，理解的程度随之加深。意识不是单一的状态，而是连续的、动态的，对同一认知主体而言，不同意识状态确实有高低之分，区分之处就在于对宇宙（外界）的理解程度与自身的关联程度及对未来的预期程度的深浅。这种动态变化方向，恰恰需要至善统摄来维系，正如歌德所言，我们受模糊的冲动驱使，最终仍会意识到正确的道路，这种模糊的冲动源自轮回染习种下的"善"，而要最终意识到正确的道路，仍需至善统摄。

作为万物之灵的人类存在的价值在哪里？生存还是毁灭？这是人类长久以来所思考的问题。当人工智能以超越人类的智慧步步逼近时，探寻全人类的未来之路刻不容缓。霍金等人论及哲学已死，那是完全从物理的角度来看待这个世界。但事实上，人类拥有自由意志，能够自我选择、自我决定。人们要建立何种道德体系，希望世界向何种方向发展，不由物理学决定，恰恰需要在哲学上讨论。面对哲学三大终极问题的第三问题追问，人类的命运已然不能再寄托于上帝和诸神的缥缈旨意，人类要在实然世界找到"如何为自己负责"的答案。

假如说至善是一个趋近的状态而不是一个可达到的状态，那我们是不是就有问题？我们的答案是，因为我们原来的坎陷，在意识进化的过程当中，实际上一直是从比较落后往比较高的状态发展。那个时候的意识更多的是过去和现在，但是我们进化的过程当中，我们慢慢地引入了未来。比如说，金融市场就是这样的，单单现在的实际收益可能很少，但不是说只看现在赚多少钱，而是预估未来能赚多少钱，把未来的折现到现在。大家只要看到有潜力的，也就是未来预期高的，就会赶紧投钱，抬升的是这个产品或者公司现在的股价。这实际上就是把未来体现到现在。希望大家都能意识到，我们是从比较落后的阶段发展到现在比较发达的阶段，而未来还会比现在发展得更好。我们可以把未来拿到现在来讲，是因为未来对现在有统摄，并且我们都相信未来的统摄对现在的统摄是有效的，这是一条有效的出路。到最后，至善统摄未来，统摄现在，我们才有希望。

　　区块链并不是说可以保证完全不存在造假，而是只能证明在某个时间存在某件事情，事后不可篡改。当然，在写入的那一刻仍然可以造假，但是要维护造假的成本就会相当高，每一个造假者为了让造假看起来真实就必须一直造假，还不如倒转过来，为了长远利益而真实记录，最终形成正向循环。

　　人工智能技术的高速发展将给人类带来全方位的改变。AI与数理、工程、制造、设计、就业、金融危机、政策、伦理等各个方面都可以结合。但另一方面，人工智能本身就需要引入"自我肯定需求"和"认知坎陷"才能够得到更大发展。只有让人工智能具有天生的"自我"意识，它才能明白它本身应该起到的作用。而在这其中，区块链技术的引入，将会帮助人工智能从整个系统中不断地得到正向反馈，从而逐步从整个共识机制中得到"自我"的正向认识，最终有助于解决人工智能的潜在威胁，使得智能制造不会反噬人类社会。

　　在区块链中，如果充分发挥至善统摄的能力，我们就能够通过未来统摄现在。未来引导现在，至善引导向善，保证节点遵守共识，这将成为未来区块链系统中"宪法"条例一般的存在。

四、区块链与人工智能相互赋能

人工智能和区块链技术的结合可以相互赋能，两者结合发展的必要性体现在两个方面。

其一，近些年人工智能发展迅速，机器的进化速度非常快，其速度和力量比人类强大太多，很可能在机器没有产生强烈自我意识的情况下就已经对人类造成毁灭性的打击，这才是很快就会来临的危险。同时，社会复杂度大大提高，证明个人数据的真实可靠越来越难，却也越来越重要。现有技术使人脸可以造假（美图）、声音视频可以造假（抖音），那未来 AI 大行其道时，所有的数据都可以被重新定义了。针对这一大挑战，区块链技术提供了一个可能的应对方案，我们不能禁止谁去创造什么样的人工智能，但是我们可以通过区块链技术对发展的进度进行追踪与评估，对数据进行严格的跟踪与记录。如果能够要求大家把制造 AI 的方法和进度上链，公之于众，这样旁观者们可以及时发现可能的问题并采取措施。现有的区块链技术是一个可以承担这个记录任务的很好的平台。

其二，区块链的链上数据需要人工智能技术来优化和理解，进行整体解释和把握，例如区块链上运用自然语言处理技术（NLP），能够实现基本的人机交互，释放一部分人力劳动。区块链通过智能推荐算法，系统能够为协作方提供智能撮合，加快进程。

区块链技术与人工智能技术的相互赋能并不是要将绕开人类或者全面取代人类，相反是为了能够使得机器和人类在未来的网络空间中能够在同一时间尺度上进化博弈，为人机共融奠定基础。

康德所代表的义务传统和边沁和米尔所代表的功利主义传统强烈主张人类道德生活和政治生活（以及相应的道德规范和政治规范）需要满足"透明性要求"或"公共性要求"。这两种表达方式在其追求的目标上是相同的，即现代道德和政治活动和规范必须符合公开声明或公共辩护的基本要求。未通过"透明性要求"或"公共性要求"的道德规范和政治规范被认为是不可接受的或不道德的。另一方面，建立一个完整的社区也必须遵循这些规范。在具有公信力的区块链系统中，这样的"透明性要求"也是应当遵循的。这其实对于协作系统从理论到实践上的建设都提出了很高的要求。未来的区块链世界中，各节点的安身立命之本均应当源于主链提供的数字身份存证维护。不论节点背后对应的是个人、组织还是企业，他们都必须通过各自的数字身份进入区块链世界进行交互，数字身份所对应的所有交互记录存证不可更改，由此这些存证才能证明各节点的可信度。

　　一个数字身份必须拥有足够长的、真实的、经得起考验的历史记录，才是具有价值的 ID。时间的推移、经验的积累和历史记录的维护，决定了数字身份的可信价值，更可能在未来决定历史走向时，将人类未来的选择权托付给值得信赖的一批人，而不是短时间就迅速成长起来的"超级智能"。很多重大决策并不仅是当下看起来最佳，而是要在更长时间尺度上、从历史回顾的角度看，依然是合适的、正确的选择，这就是人具有超越时空的特性所在，因此要强调存证、强调历史，正确认识区块链技术的核心价值，共同规范区块链的伦理价值。人类的新文明的种子，就在新技术的推动下，开始发芽生根。

　　区块链技术与人工智能技术的结合需要探寻新的落地方式。一方面，我们要求必须拥有挖矿得来的资本金作为运营数字身份才能够发行通证，相当于各运营节点有保证金作为最初的信用抵押，比起毫无发币门槛的一些区块链系统，良知链更符合未来网络空间对信用的强要求。另一方面，我们需要同时借助人力（例如数学家或数学能力强者的判断）与机器算力（执行并行计算和串行计算），共同解决类似丢番图问题的挖矿算题，希尔伯特第十问题已经证明了丢番图问题不可能单纯通过计算机得到答案，必须有人的参与。

　　这种 A+B 的设计，使得所有的协作相关之间形成了一个相对独立区块链子系统，外来的攻击或黑客很难撼动已有的信用体系，如果想要造成实质性的伤害，也必须按照规则从新手开始解题、挖矿，通过交互积累信誉，引入可信节点的认证，才有资格发动有效攻击。这就极大地提升了发动攻击的成本，不仅是财力、算力，而且是无法忽略的时间成本，必须花费足够的时间建立可信度。此外，人工算力的引入，为人类在未来与机器的博弈中，留下了重要的位置，使得机器无法替代人类或绕开人类，人类对未来的掌控权得以延续。

在设计与应用 A+B 的整个过程中，始终要考虑到机器伦理的问题。机器在决策时间的延迟与等待就是将来机器必须遵循的伦理之一。具体地说，由于机器的反应速度非常快（纳秒级），而人类的反应速度是毫秒量级，两者之间存在几个数量级的差异。但机器不应当被设计为将效率作为第一原则，也不能只顾追求全自动化的执行模式，尤其是在一些重大决策中，必须要求机器配合人类的速度，等待人类的反应信号，才能继续执行命令。通过特殊的挖矿机制，把机器的速度降下来，配合人类的决策和监控。相应地，重大决策既不可能被机器或黑客通过简单的病毒或入侵在须臾之间改变，也不可能是某一个超级节点说了算，同样也需要参与的各个节点花时间建立自身的可信性，才有可能逐步获得更多操作权限、造成更大范围的影响。这也将逐渐演化成未来人工智能和区块链技术必须遵守的基本规则，为人类和机器共同协作、共同进化奠定重要基础。

区块链是生产关系的革命，区块链技术之所以未来会产生重大影响，是因为我们面临新的生产力，就是人工智能的进步。

如果 AI 按照性能优先为原则，其发展越快对人类的隐患就越大，机器可能认为人类效率低下而对人类进行毁灭性的打击。因此，人工智能的快速发展需要通过区块链技术来平衡，才有可能实现我们前文提到的让机器与人类在同一时间尺度上进化博弈的未来智能系统。

在这个系统里，将汇聚各种不同的小范围的高度分工，每一条不同的链都有不同的功能。就像人的身体结构一样，心脏负责血液循环，肺部负责呼吸……各司其职，但又互相联系。在具有智能和意识的区块链系统中,不同部分之间有一个主体意识,就像人的自我意识一样。这样的区块链系统,就可以理解为是"去中心化"的。

现在"中心化"的商业模式,更像是无限扩展。例如一个电商不仅卖空调,连针线头都要卖,直接影响了其他的商业结构,变成独一家的生意,这显然不是一个可持续、可均衡的发展模式。

区块链系统是一个有生命特征的社会系统,而不是一个简单的物理系统。假如某一条链做得太过头可能会导致物极必反,则会很容易崩溃掉。生命系统是一个长尾分布,也是多样化的分布。未来,物质财富极大丰富,数字财富也极大丰富。这样的系统虽然不能完全避免财富向少数人流动,但是它会让财富变得更丰富,而不是更单一。它将让人从机器中解放出来,探索高效的生活方式,实现商业发展与人类社会的终极需求。

重剑无锋　筑基大同

——区块链如何影响未来的世界货币?

　　Libra 白皮书引起了全球各界对未来世界货币的重新思考。未来的世界货币应该具备哪些特征? 区块链技术是否会影响世界货币体系? 它会是实现未来世界货币的必需吗?

　　围绕数字货币的讨论还有一个维度，就是国家层面的金融竞争和对抗。历史上，大国之间的竞争有英镑与法郎、与美元，欧元与美元的竞争。现在数字货币的竞争也会如此。达成如此广泛共识的数字货币，比如比特币、Libra，一旦加入战场则会对法币造成极大影响。七国集团的财长对 Libra 持反对态度，特朗普也持反对态度，背后的理由就是法币的基础并不是那么牢固。虽然 Libra 主张不会和主权货币对抗，而只是作为支付手段、作为一个有抵押的稳定币，但问题在于，将来金融市场经历风吹草动，大家对主流货币信心产生动摇，那么 Libra 这种有财富做抵押的数字货币会显得更有吸引力。换句话说，不论 Libra 想不想成为法币的竞争者，它势必成为法币事实竞争者 (之一)。

　　数字货币与自我肯定需求理论的一个结合点就在于，可以用来作为一种新的透支未来的方式来满足用户的自我肯定需求。基于自我肯定需求理论，我们可以推导出未来的数字货币具有以下四个特征：

　　第一，实际上未来的数字货币更多的不是以实物实际的价值来做抵押，而是偏向于交易者的信用本身，也就是以信用为基础的货币。

　　第二，是它必然需要有一定的通货膨胀，这样才更健康、可持续。比如工资幻觉，一般企业每年都会有 1—2 次的调薪，上涨全员的工资，增加工资很容易，但是减工资很难，而且对被减薪的人来说，这种伤害是很大的。所以我们要让员工保持一定的幻觉，让他们觉得自己的工资一直在涨，但实际上通货膨胀率可能要吃掉涨的工资一部分。

　　第三，是需要财富流向底层的机制。因为有自我肯定需求，人们会趋利避害，财富一定是向少数人流动并集中，这也是必然会产生的。如果希望系统稳定、可持续的时间长，就必须有人为机制将一部分财富流向底层,才可能有源源不断的财富流转,系统才有生命力。

第四,是未来货币一定是多币种。因为我们每个人的认知水平都不一样,我们也要承认和面对这种认知的差异,也要让不同水平认知的人,都找到适合自己的价值体系,在各自所属的价值体系里去拼搏、去成长,每套价值体系都可能有一种或多种货币,但都要锚定到公有的价值标杆,共同构成多币种体系。

一、货币与世界政治格局

金融危机爆发的最根本原因是自我肯定需求过剩。2007 年全球金融危机由美国次贷危机的产生而诱发,次贷危机最直接表现为民众过度透支未来的收入进行消费,而透支过度,民众的实际收入不足以支付其背负的庞大债务,导致需求链的突然断裂,社会再生产环节难以进行,经济运行陷入危机之中。

危机爆发的直接原因是过度透支,而过度透支的根本原因是社会自我肯定需求过剩。当学习与科技创新、外部财富获取都无法满足快速增长的自我肯定需求时,人们选择透支未来这种方式,随着透支的程度越来越大,逐渐超出合理范围,经济泡沫便产生了。然而虽然未来是无限的,但是透支却不可能是无止境的,经济泡沫终将破灭,带来的结果就是社会交换无法正常进行,个人资产受到侵害,实体经济受到巨大损害。在寻求金融危机解决方案时,思路要回归到其根本原因——自我肯定需求之上。通过满足社会自我肯定需求来增进民众的幸福感,引导社会自我肯定需求的合理增长,维护社会的稳定与发展。

货币、债券、股票都是透支未来的手段,都可以总结为达成共识的方式,都是广义的通证。价值／价格具有生命力,不仅适用于个体,对组织而言也是如此,不论企业或是国家,都是能够达成某种共识而形成的组织形式,随着不断演化,这些共识会逐渐形成商业规则或国家法律。

国家货币可以看作是一种国家层面关于价值的共识载体，如果没有突发且难以预测的事件，如战争或毁灭性的自然灾害，一般国家货币的价值较为稳定。股票交易可以看作是人类交换行为的实验室。股票价格的波动充分反映了人们对特定标的不同时间尺度的未来预期。套利最多的正是那些预期精准、走在普罗大众价值认知之前的交易者。

一个国家的兴衰很大程度上依赖于该国的财富涌现能否满足人民的自我肯定需求。从公元前 8 世纪建城到公元 2 世纪，古罗马用了 1000 多年的时间崛起从而称霸欧、亚、非大陆，却在不到 200 年的时间里迅速瓦解衰败。我们的分析发现，古罗马的兴盛缘于侵略扩张与自主创新（如土地分配和道路发展）的共同作用，缘于在 600 余年间实现人口增加 600 余倍和国土增加 6000 余倍的剧变。当扩张逐渐停止、道路系统达到饱和后，透支未来和宗教便登上历史的舞台，成为维持帝国的主流方式。即使这样，财富增长总会有极限，当财富供需失去平衡、宗教的力量无法凝聚民众时，各种社会矛盾便相继爆发，古罗马便日渐式微，最终走向灭亡。

古罗马曾经通过分地、发钱的方式让财富流向底层。政府为了安抚士兵，同时也为了巩固政权，用政策使得国家财富的分配向武力阶层倾斜。于是，大量土地开始分配给士兵、骑士，而不是平民和百姓，甚至出现屋大维为解决退伍老兵安置问题不惜背离民意，牺牲原有土地所有者的现象。普通平民的小份额地分配逐渐消失，取而代之的是给士兵、骑士的大面积分地，大中型地产逐步取代小农经济。除开制造通货膨胀透支未来优化财富分配，古罗马统治者也会直接将钱财无偿赏赐给民众，如恺撒便常常赏赐人民，数目多寡依时而定，饥荒时还会以极为低廉的价格或者无偿为灾民提供粮食；到屋大维时期，虽然赏赐额度有所降低，但人民仍然可以享受元首出钱举办的娱乐活动。这种政策的影响绵延至今，西方的破产法仍然可以直到底层。

中国地区之间的帮扶手段目前大多为二次支付等。我们认为更好的方法就是按人发钱。

随着劳动生产率的提高,在信息社会每个人创造财富的速度提高了,财富的流动速度也提高了,通过市场经济的机制,财富向上流动、集中,在财富金字塔底端的人的财富流失速度也加快了。弗里德曼等金融学家曾经预见到会有更完善的货币体系来取代现有的货币体系。我们现在不仅不必像农业社会那样对底层收税,而且要把一部分资金直接返回底层,让更多的人积极参与生产——消费的循环,创造更多的社会财富。

人生而平等,因为每个人一生下来就天然地拥有了获得人类千万年来所积累下来的知识以及它背后所蕴含的价值(财富)的权利,就像每个人生下来就拥有了享受空气和阳光的权利一样。只有把货币的铸造和发行与每个人最基本的需求联系在一起,才能将货币与人类的总体财富建立起牢固的联系。这是以人为本货币制度的哲学基础。

充分考虑中国现有的优势资源,可以说中国已经具备构建中国特色以人为本的货币制度的条件。中国自身市场足够大,人口足够多,生产成本低,整体经济正处于上升阶段。而人民币这一名词本身也是与社会主义制度"人民共享、共有"同属一个理念,建立与推行新的货币制度正当其时。在信息技术高速发展的今天,我们可以通过区块链等技术进行数据传输,这样就可以实现货币直接传送给每个公民,大大提高了对公平性的保障。

二、货币战争将取代军事行为

我们已经提到了通证可以分为同质性与非同质性两种。未来在网络空间中,非同质性通证的使用场景更为丰富。

如果大家都追求同样的财富,例如追求人民币的财富或者是美元的财富,又或者是 Libra 的财富,这种追求实际上比较苍白。毕竟我们再富裕也富不过世界前几名的富豪,这种财富的积累对很多人来说并不是满足自我肯定需求的最好方式。

但是假如我们赋予追求的东西特别的意义，比如说一个明星发的token，对粉丝来讲来收集他（她）的token的意义远胜于去收集人民币或者美元。这里有意义的东西可以是艺术品，可以是有价值的文字作品、影视作品，每一个作品对应的是token的发行，不同的人群会去收集更多的自己想要的token，这才是想象中的未来世界，让很多人找到自己的圈子，找到对他来说更有价值的场景去收集token，而不是像现在只是收集银行的财富。

Libra不会自己主动要和主权货币对抗，它一开始只是作为支付手段，作为一个有抵押的稳定币。但问题在于，如果金融市场有风吹草动，大家对主流货币信心动摇的话，Libra这种有财富做抵押或者背书的token肯定会更有吸引力。所以不管Libra如何声明和联邦政府"紧密合作"，一旦有很多人使用的话，那它就是一个全球化的竞争性的货币。

美国政府当然知道Libra对美元有威胁，但美国政府背后也不是一个人，每个部门的反应也是不一样的。所以围绕Libra应该会有各种博弈。如果Libra很快和相关部门勾兑好，那短期来说的确是有助于美元在世界上的地位，而且会给弱小的主权货币造成更大的压力。

但是稍微长远一点看，它跟所有的主权货币都是敌对关系。因为美元现在占主要地位，所以实际上它对美元的威胁最大。美元背后是政府背书，理论上讲是通过未来的税收来支持美元。但是现在美国政府每年的赤字是1万亿美元，积累了超过22万亿美元的政府债务，甚至远超中国的外汇储备总额。但这实际上还不是美元最大的弱点。更可怕的是美国政府有庞大的社会保障和医疗健保等的负债，这是对公民做出的承诺，折现到现在是200万亿美元的量级，这比我们现在看到的美国国债还大一个量级。虽然，我们可能在未来能尝试用机器人创造更多的价值来填这个坑，但也很有可能坑还来不及填问题就已经爆发了。相比一下，中国的财政情况会好很多，虽然近些年房价上涨较快，但至少国内还有很多的国有企业，价值量在百万亿人民币之巨，这是我们的"防洪坝""蓄水池"。任正非曾经讲到中国应该有自己的Libra，一个国家比一个公司更有信用来做未来的全球货币，其背后的思考实际上很深刻。

三、数字货币与世界货币

未来的世界货币不可能将利益与责任剥离开来，必须能够通过政府（或者央行等机构）进行兜底。自我肯定需求是人类的基本属性，人性如此，人的认知有差异，长此以往必定两极分化。历史周期、财富中心流转，这些规律都告诉我们，到一定程度就会需要重构（崩溃后的再出发），但在重构之前，还会经历诸多起伏，这些起伏波折就需要被兜底。

人对自己的评价一般高于他认知范围内的平均水平，在分配环节他更希望得到高于自己评估的份额，这种需求我们就称之为自我肯定需求。对于货币，一开始市场希望用足额的等价物，比如金子或者银子或者是实物资产来做抵押，是足额的抵押。但是最终会发现这种状况很难维持，这背后就是自我肯定需求。大家都有对财富的追求，足额抵押因此就失去了太大意义，依然无法填补空缺。因此在社会需求下，信用货币本身不可避免。

随着时间的推移和技术手段的强大，如果我们可以对信用的一些特征有更好的认知，那么未来世界货币更多的不只是以实物实际的财富来做抵押，而是更偏向于信用本身。

我们现在的区块链和人工智能技术实际上已经提供了技术基础，提供了更多的可能。在这个趋势之下，我们也要看到本质的规律：自我肯定需求，每人都会高估自己的贡献，高估自己的重要性，而且希望在这个基础上还要多占一份。那么还是会导致信用的膨胀，如果过度膨胀，最终还是会导致崩溃性事件发生。

实际的财富增长如果快于预期，那么会导致积累的泡沫破灭。这就推导出来未来世界货币的特征之一，就是必然需要一定的通胀。比如说工资幻觉，我们要保持一定的幻觉，觉得自己的工资在涨，才能满足自我肯定需求，但实际上通货膨胀率可能要抵消掉部分上涨的工资。

未来世界货币需要财富流向底层的机制。因为有自我肯定需求，人们会趋利避害，财富一定是向少数人流动，这是必然趋势。那么货币当局实际上要让财富有返回到底层的机制，否则如果向上聚集得太快，社会更容易崩溃。在现代制度里，比如在西方个人可以申请破产，这是一种财富向底层流动的补偿方式。在中国，比如二次支付、二次分配、三次分配或者转移支付，这些也是一种方式，虽然它的力度是否足够还可以存疑。现在西方有些地方正在试行基本收入制度，包括美国最近要选总统的杨安泽，也主张基本收入，这还是一种财富向底层流动的方式。Libra 会不会有类似的机制非常关键。我们现在还看不到它有这种动机和可能，因为一般都会从纯商业的角度来思考。一个好的制度是要保持系统的稳健发展，不能是泡沫似的。一个好的投资者，要尽量抑制泡沫，让社会的动力有序、慢慢释放，这样的情况下才能维持的时间才能更长。未来的货币制度的设计，就需要有这种机制。

未来货币应该是多币种，而且是一个廉价货币时代的多币种。我们现在看到的趋势是，很多国家是负利率的。日本曾经是低利率、负利率很长时间，现在欧洲已经是负利率了，美国看架势也是朝那个方向走。为什么要强调多币种？假如都在同一个价值尺度上，则比较难以满足所有人的自我肯定需求。我们需要社会要有很多个价值体系，每个人都能选择适合自己的价值体系，并在体系里向上走。比如说现在有人炒鞋，当然不一定都理性，但体现在收藏价值，能满足自我肯定需求，而不是银行账户的一串数字。

区块链技术给我们带来了达成共识的全新方式。一开始讨论的是技术上怎么达成共识，但慢慢就体现在社区共识上，这是未来必然的方向。社区不是做大而全，它想达成共识的目标不能太大，而是要在小议题上达成共识，而达成共识会带来价值的改变和种转移，这样的社区运作才是良好的。在社区里,大家真心感觉这个方向是对的,是有未来的,并在这个体系里找到自己的方式来满足自我肯定需求。

我们必须承认每个人的认知水平是不一样的。那么就需要让不同水平认知的人,都找到自己的价值体系,在价值体系里头去搏斗、去成长。所以要求未来的世界货币拥有不同币种。比如美国的食物券可以拿到超市去买食物和日用品,但是不能拿去投资,这实际上就是一种不同的币种。中国比如有定向降准、产业政策的倾斜等,这些也都可以通过不同的币种或通证来实现。

类似欧洲美元原理,如果在"一带一路"沿线或者更大范围内推行一个人民币数字货币体系,作为一个与人民币境内流通体系保持一定独立关系的区域流通数字货币体系,又能以人民币信用背书进行国内产能向境外输出,实现终端消费 token 的多元化,将有利于以数字货币的形式推进人民币国际化进程。

目前大多数主流区块链专家普遍认为,未来数字货币世界会呈现主权数字货币、可信任机构数字货币、虚拟货币三分天下的格局,为积极应对这场变革,中国央行在国家主权数字货币方面持续进行着研究和实践。根据中国央行有关领导的表述,央行数字货币项目已经得到国务院授权批准,且开发进展已经较为深入。

前面提及过,作为数字货币,比特币是 UTXO 的记账方式,以太坊是用的基于账户的记账方式,Libra 带有账户记账的色彩,但还强调了交易本身,即 move,这个和以太坊有比较大的区别,它可以直接实现货币在账户间的转移。但 Libra 同时也存在着一些问题,它采用的是联盟链方式,若要面对上亿用户还具有很大挑战性。所以它在短期内有良好的发展势头,但本质上很难作为未来的世界货币持续流通。

目前 Libra 协会已经汇聚了约 20 家初始会员,包括了支付业、技术和交易平台业、电信业、区块链业、风险投资业、非营利多边组织等有世界影响力的机构,Libra 已经具备了"可信任机构"所发行的稳定币的特征,起点明显高于已经出现的几款头部稳定币。Libra 的出现搅动了全球金融监管的神经，"可信任机构"数字货币已经成为一种共识，会在多方博弈中曲折前进，最终开启一个全新的金融领域，带来全球金融结构性变革。

鉴于目前对 Libra 的理解，我们建议可以采用以通证为核心的 (Token based) 记账模型来开发数字货币体系。通证模型的记账方式是我们在分析了比特币的 UTXO 和以太坊的账户模型之后提出的一个新的记账方式。它具有很好的特性，天生支持并行，因为关注的是 token 的所有权，所以只要签上谁的名字就属于谁，而不是关注两个账户之间的动作。另外，通证模型中的每个 token 都有 ID，如果涉及盗窃或者51%攻击，配合一定的治理机制则可以有效防止此类双花问题。

我们认为，基于通证记账模型的区块链系统可以用来实现一种监管友好的数字货币银行架构，主要分为两大部分，如图 10-1 所示。

一是 M0 发行方。由央行的多个中心和央行邀请的协从节点组成的联盟，央行的中心可以是北京、上海、深圳、贵阳、武汉等全国地理位置上的分布式中心，央行还可以邀请其他银行（如五大行）和科技企业（如电信、华为等）进入 M0 发行方的联盟，联盟内部达成共识即可发币。地理及网络上的分布式结构，使得系统中即便有部分中心被攻击或毁坏，整个 M0 联盟的工作也能正常运行。

二是其他商业银行。商业银行与 M0 发行方进行交互，各商业银行可划分为总行、分行、支行不同级别，每一层都可以是一对多的关系，即一家总行下属有多家分行，一家分行下属有多家支行。

相比 Move（Libra 的转让）强调操作本身，Token-based 记账模型则会直截了当得多，该技术完全由中国技术团队自主研发，已经十分成熟，并且已经被应用于公链 everiToken 的底层实现中，主网上线实测 TPS 在 10000 以上，除了高并发，还具有监管友好、高安全性的突出特点，是开发未来世界数字货币体系时值得优先考虑的基础架构。

习近平总书记的重要讲话引发了全民讨论区块链的热潮，国家成

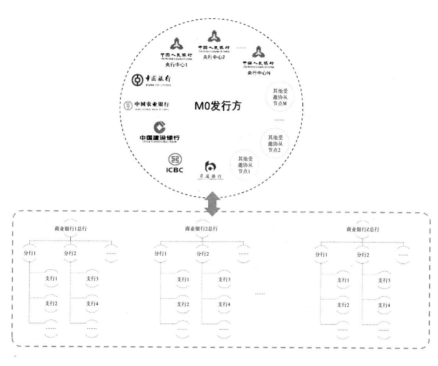

图 10-1　数字货币银行架构

立了国家数字经济创新发展试验区,发改委负责人指出建设重点推动"四个新":激活新要素,探索数据生产要素高效配置机制;培育新动能,着力壮大数字经济生产力,促进互联网、大数据、人工智能与实体经济深度融合;探索新治理,构建数字经济新型生产关系;建设新设施,不断强化数字经济发展基础。

　　我们应当大力发展的区块链技术及其应用落地包括几个方面:第一,提供数据共享的技术手段,在数据共享的同事能够结合隐私保护能力,是区块链技术特有的优势。第二,发展可信体系的基础设施,这也是我们说的"区块链 +"的含义。社会信用体系建设、企业间电子商务以及金融服务等领域的需求并没有在互联网时代充分得到满足,而区块链能够提供数字身份和数据签名 / 加密的技术,就可能推动信息基础设施向可信体系基础设施的演进。第三,通过区块链技术提升协作效率的模式，这也依赖于共享和可信，能够迅速确认合作方的身份和数据真实性，大幅度降低整个社会的交易成本和市场摩擦。第四，在资产的生成、管理、转移、交易的方面运用，采取鲜明的支持态度，例如人民币数字化等要统一规划部署、统一实施。

"一带一路"倡议促进了我国与多国之间的政治互信和经济融合，数字货币与电子支付（DC/EP）给当下复杂的国际经济形势加入了新的影响因素。传统的电子支付模式已经无法满足大众需求，数字货币结合了区块链的技术优势，能提高支付效率并降低成本，符合各类应用场景的需求。未来货币应该具有的四个特征：以信用为基础、有一定的通货膨胀、具备使财富向底层流动的机制以及多币种构成。由此看来包括 Libra 在内的数字货币项目短期内虽然势头良好，但未来能否作为世界货币流通还有待考证。基于以上背景，我国可以把握历史机遇推行面向未来的数字货币，进一步推动"一带一路"发展，为"一带一路"的数字化建设赋能，并在这场全球的重构与竞争中占据上风。

后　记

习近平总书记于 2019 年 10 月 24 日在主持中共中央政治局就区块链技术发展现状和趋势进行第十八次集体学习时的讲话，为全国乃至全球的区块链行业打了一剂强心针，我们作为区块链技术从业者，也备受鼓舞，期待在 A+B 时代中，凭借技术的创新创造，为我国区块链行业发展添砖加瓦。撰写本书过程相对顺畅，主要得益于我们 2019 年 11 月由华中科技大学出版社出版的国家出版基金资助项目《人机智能融合的区块链系统》一书，该著作凝聚了我们团队近两年来在区块链技术领域的沉淀与创新，总体更侧重于技术细节。本书在技术专著的基础上，选取了通俗易懂的段落，结合我们最近发表的文章与演讲内容，通过描述区块链技术在各落地场景如何解决问题的方式，以更加科普的文字解释了区块链技术及其可以发挥的作用。希望本书能为各行各业对区块链技术怀有兴趣、期待了解区块链技术如何应用的读者们提供有价值的启发与思路。

本书由蔡恒进主编，蔡恒进、江身军、蔡天琪、耿嘉伟、程希冀撰写。

责任编辑：洪　琼

版式设计：顾杰珍

图书在版编目（CIP）数据

区块链：链接智能未来／蔡恒进 主编 . —北京：人民出版社，2020.1

ISBN 978 - 7 - 01 - 021596 - 9

I. ①区…　II. ①蔡…　III. ①电子商务 - 支付方式 - 研究　IV. ① F713.361.3

中国版本图书馆 CIP 数据核字（2019）第 262489 号

区块链：链接智能未来

QUKUAILIAN LIANJIE ZHINENG WEILAI

蔡恒进　主编

人 民 出 版 社 出版发行

（100706　北京市东城区隆福寺街 99 号）

北京中科印刷有限公司印刷　新华书店经销

2020 年 1 月第 1 版　2020 年 1 月北京第 1 次印刷

开本：710 毫米 × 1000 毫米 1/16　印张：12.75

字数：200 千字

ISBN 978 - 7 - 01 - 021596 - 9　定价：48.00 元

邮购地址 100706　北京市东城区隆福寺街 99 号

人民东方图书销售中心　电话（010）65250042　65289539